JOAQUIM NABUCO

Dados Internacionais de Catalogação na Publicação (CIP)
(Câmara Brasileira do Livro, SP, Brasil)

Leite, Beatriz Westin de Cerqueira
   Joaquim Nabuco / por Beatriz Westin de Cerqueira Leite.
– São Paulo : Ícone, 2001.
(Série pensamento americano / coordenador da série
Wanderley Loconte)

   Bibliografia.
   ISBN 85-274-0637-3

   1. Nabuco, Joaquim, 1849-1910 2. Políticos – Brasil
– Biografia I. Loconte, Wanderley. II. Título. III. Série.

01-0630   CDD-923.2

Índices para catálogo sistemático:

1. Brasil : Políticos : Biografia e obra   923.2

JOAQUIM NABUCO

Por **Beatriz Westin de Cerqueira Leite**

Coordenador da série
Wanderley Loconte

**Ícone
editora**

© Copyright 2001.
Ícone Editora Ltda

Projeto editorial e edição de texto
Wanderley Loconte

Revisão e preparação de originais
Antônio Carlos Tosta

Diagramação
Andréa Magalhães da Silva

Proibida a reprodução total ou parcial desta obra,
de qualquer forma ou meio eletrônico, mecânico,
inclusive através de processos xerográficos,
sem permissão expressa do editor
(Lei nº 5.988, 14/12/1973).

Todos os direitos reservados pela
ÍCONE EDITORA LTDA.
Rua das Palmeiras, 213 – Sta. Cecília
CEP 01226-010 – São Paulo – SP
Tel./Fax.: (11) 3666-3095

Para Henrique,
meu netinho

ÍNDICE

Vida e obra 9

Época e pensamento 21

Temas 63
Nabuco e o abolicionismo 65
Nabuco e a administração pública 85
Nabuco e a questão agrária 89
Nabuco e o federalismo 93
Nabuco e a monarquia 106
Nabuco e a diplomacia 113
Nabuco e a cultura brasileira 121

Bibliografia 131

Vida e obra

"Olhei a vida nas diversas épocas através de vidros diferentes: primeiro, no ardor da mocidade, o prazer, a embriaguês de viver, a curiosidade do mundo; depois, a ambição, a popularidade, a emoção da cena, o esforço e a recompensa da luta para fazer homens livres (todos esses eram vidros de aumento)...; mais tarde, como contraste, a nostalgia do nosso passado, e a sedução crescente de nossa natureza, o retraimento do mundo e a doçura do lar, os túmulos dos amigos e os berços dos filhos (todos esses ainda são prismas); mas em despedida ao Criador, espero ainda olhá-la através dos vidros os de Epíteto, do puro cristal sem refração: a admiração e o reconhecimento..."

Joaquim Nabuco, *Minha Formação*, pág.260

Os Nabuco do Araújo chegaram à Bahia em meados do século XVIII, provenientes de Portugal. Alguns de seus membros destacaram-se politicamente, tendo atuado no Senado do Império. No começo do século XIX eles se entrelaçaram com os Paes Barreto, donos de terras, engenhos e escravos na rica e aristocrática província de Pernambuco.

Do casamento de José Thomás Nabuco de Araújo com Ana Barreto nasceu, em 19 de agosto de 1849, em Recife, o quarto filho do casal, batizado Joaquim Aurélio Barreto Nabuco de Araújo, mais conhecido como Joaquim Nabuco.

Em dezembro daquele mesmo ano a família regressou ao Rio de Janeiro, onde o pai ia assumir cargo na Câmara dos Deputados. Nabuco de Araújo estava iniciando uma brilhante trajetória. Foi um dos expoentes do Segundo Reinado, tendo passado pelos diversos escalões em sua ascensão política: advogado, magistrado, presidente de Província, deputado, senador e conselheiro de Estado.

Considerado muito pequeno para o que era então uma longa e cansativa viagem, Joaquim Nabuco permaneceu em Pernambuco, morando com os padrinhos no engenho Massangana, onde viveu por oito anos. Do seu convívio com os escravos desenvolveu em relação a eles um sentimento de profunda empatia e intensa generosidade.

Com a morte da madrinha mudou-se para o Rio de Janeiro, onde fez o curso primário e secundário em Nova Friburgo, no colégio dirigido pelo barão de Tauthoeus, intelectual e revolucionário alemão, exilado no Brasil, e que se dedicava a ensinar a elite da juventude daquela província.

Aos quinze anos fez as primeiras incursões literárias.

Em 1866 tornou-se aluno da Faculdade de Direito de São Paulo, participando de jornais e associações acadêmicas, destacando-se já como orador. Foi colega de Castro Alves, Rui Barbosa e do futuro presidente Afonso Pena.

Em 1869 transferiu-se para Recife, onde foi cursar o 4º ano. Tinha apenas dezenove anos e já começava a desprezar publicamente a escravidão.

Naquele ano, defendeu a causa de alguns escravos, inclusive a de um que fora açoitado em praça pública e matara premeditadamente uma autoridade que pretendia impedir-lhe a fuga. A defesa que fez do réu, para quem se pedia pena de morte, causou polêmica. Os fazendeiros esperavam a pena máxima para servir de exemplo. O Imperador não costumava intervir nesses casos. Nabuco argumentou perante o júri que o escravo "não cometeu um crime, removeu um obstáculo". O réu foi condenado à prisão perpétua, o que foi uma grande vitória do jovem advogado.

Joaquim Nabuco passou a ser notado pelo discurso inteligente, bem elaborado, pela força de persuasão, pelos gestos sóbrios e expressivos. Nessa época, escreveu *A escravidão*, que permaneceu inédito até 1988, quando a Fundação Joaquim Nabuco o publicou.

Formado, voltou ao Rio de Janeiro em 1870, onde começou a trabalhar no escritório do pai e a escrever no jornal *A Reforma*. Em seus artigos, defendeu a Monarquia Parlamentar como a melhor forma de governo.

Não se contentou só com o jornalismo e publicou seu primeiro livro *Camões e os Lusíadas*, em 1872, no qual mostrou seu deslumbramento com a obra camoniana. Eram impressões pessoais, sem profundidade crítica. Na mesma época produziu em francês o opúsculo *Le Droit au Meurtre* polemizando com Dumas, escritor que lançara um livro apresentando a mulher como um ser inferior. Também datam dessa época dois outros livretos: *O Povo e o Trono* e *O gigante da Polônia*.

Em agosto de 1873, Joaquim Nabuco deixou o Rio de Janeiro, onde era conhecido como o "Belo Quincas", pois além de jovem, inteligente e com futuro promissor, seus traços finos e sua elegância despertavam os interesses femininos.

Viajou a passeio para a Europa. Nessa viagem reencontrou Eufrásia Teixeira Leite, filha mais nova de Joaquim Teixeira Leite, rico fazendeiro de café em Vassouras, no Rio de Janeiro, por quem esteve apaixonado por longo tempo. Ao que consta, mantiveram correspondência de 1873 a 1887, quando o romance interrompeu-se.

(Eufrásia foi uma personalidade feminina de grande desenvoltura, conhecida e admirada por muita gente no Vale do Paraíba. Morando na França, tornou-se mulher de negócios aplicando grandes somas de seu patrimônio em títulos de dívida pública em países como os Estados Unidos, Uruguai e Chile. Conseguindo multiplicar a fortuna familiar, doou ao município de Vassouras um hospital, duas escolas e um museu.)

No Velho Mundo, Joaquim Nabuco visitou museus, galerias de arte e procurou contato com figuras de projeção no mundo cultural. Voltou ao Brasil em setembro de 1874.

Fez conferências sobre escravidão e abolicionismo e criou com Machado de Assis um periódico mundano, leve e brilhante, *A Época*, voltando-se à sociedade e às letras. Criticou José de Alencar em artigo e com ele iniciou uma polêmica, que reconheceu posteriormente ter sido uma ousadia juvenil. Em 1875, escreveu no *Globo*, considerado o melhor jornal diário daquele tempo.

Em 1876, Joaquim Nabuco obteve o seu primeiro cargo público. Atuou como adido da Legação em Washington e depois em Londres, onde teve oportunidade de entrar em contato com um círculo social elevado e culto, que freqüentava a residência do ministro Barão de Penedo, diplomata de prestígio.

Com a morte do pai em 1878, Joaquim Nabuco retornou ao Brasil. Elegeu-se deputado pela província de Pernambuco recebendo apoio político do Barão de Vila Velha. Era o quarto Nabuco a ter assento no Parlamento do Império.

Em 1879, participou de muitos debates. Orador de amplos recursos, defendeu o direito dos não-católicos de se elegerem para a Câmara dos Deputados, o que não era permitido já que o Catolicismo era a religião oficial e a Igreja estava ligada ao Estado. Também se manifestou na Câmara pela eleição direta, numa época em que se praticava a eleição indireta ou em dois graus, muito condenada pela opinião pública. (Processava-se da seguinte forma: através do voto censitário, eleitores das assembléias paroquiais elegiam os eleitores das províncias e estes escolhiam os representantes da Nação.)

Contrariando a tendência predominante, Nabuco fez discursos favoráveis ao sufrágio universal e à emancipação dos escravos. Incansavelmente trouxe a questão do abolicionismo para o debate parlamentar, considerando-a absolutamente prioritária.

Sua ação não se limitou à tribuna. À 7 de setembro de 1880, Nabuco abriu as portas de sua casa para a instalação da nova Sociedade Brasileira Contra a Escravidão. Já existiam associações emancipadoras com fins de caridade; esta, porém, diferenciava-se pelo objetivo: propagandeava pacificamente a extinção definitiva do trabalho escravo. Tornou-se ele o presidente, enquanto que José Maria da Silva Paranhos, Visconde do Rio Branco, era sócio honorário. Tratava-se de um verdadeiro desafio à visão tradicional da época, que considerava a escravidão indispensável para o desenvolvimento do país.

Nesse contexto, Joaquim Nabuco aprofundou divergências e incompatibilizou-se com um grupo do seu próprio partido, o Liberal.

Em dezembro de 1880, após dissolução da Câmara, motivada pelas agitações ocorridas quanto à forma de se votar a eleição direta (reforma constitucional ou lei ordinária), Nabuco viajou para a Europa, tendo recebido da imprensa abolicionista calorosa despedida.

No período em que permaneceu em Londres, no requintado edifício do Grosvenor Gardens, entrou em contato com uma importante sociedade pró-libertação de escravos, a *Anti Slavery Society*, fundada por abolicionistas ingleses e que já havia conseguido seu objetivo nas colônias britânicas. Nabuco queria conhecer de perto a sua forma de atuação.

Passou por Lisboa e deu à viagem pela Europa um sentido de luta pela libertação dos negros. Recebeu homenagens várias. A imprensa liberal brasileira empolgava-se, mas os jornais escravocratas criticavam-no por prejudicar a imagem do Brasil no exterior.

Ao retornar ao Brasil, pediu demissão do cargo de adido que lhe parecia incompatível com a política. Tentou eleger-se deputado pelo Rio de Janeiro em 1881, mas não conseguiu. "Estava banido da Câmara", diz o deputado Antônio Pinto, "seu maior atleta, o seu talento mais brilhante".

Afastado da política, recebeu convite do *Jornal do Comércio* para ser seu correspondente em Londres, começando a trabalhar em 1882.

Nessa época, anunciou ao amigo que estava redigindo um livro em defesa da Abolição. "Como vê sou o homem de uma só idéia, mas não me envergonho dessa estreiteza mental, porque essa idéia é o centro e a circunferência do progresso brasileiro." No entendimento de Nabuco, a grande questão da democracia brasileira não era a Monarquia, mas a escravidão. A obra em questão saiu em 1883.

Durante dois anos manteve-se em Londres, trabalhando para o jornal. Retornou em 1884, quando deu continuidade à campanha abolicionista, o que fez inicialmente fora do Parlamento, depois no interior dessa instituição. Nesse ano foi publicado *O Abolicionismo*.

O compromisso com esse ideal era sagrado: "Nós abolicionistas ganhamos antes de tudo, o que pode haver de mais precioso na vida, o motivo de viver" (*Jornal do Comércio*, 24/08/1885).

Seus discursos foram reunidos na obra *A Campanha Abolicionista*. Em 1886, publicou alguns opúsculos. Em 1887, entre abril e junho, foi correspondente de *O País* em Londres e Paris. Ao voltar, foi reeleito para a Câmara com boa margem de votos.

No final do ano retornou à Europa. No entusiasmo para conseguir maior adesão possível ao movimento emancipador, obteve, entre outros apoios, uma entrevista com o Papa Leão XIII e a publicou no *Jornal do Comércio*, com o intuito de influenciar positivamente a princesa Isabel, católica fervorosa, e então regente do trono.

A 8 de maio de 1888, a Câmara dos Deputados aprovou a extinção da escravidão. Nabuco pronunciou um discurso carregado de emoção e considerou aquela como "a maior sessão do Parlamento Brasileiro".

Com a abolição da escravatura intensificou-se o descontentamento com a Coroa e a passos largos avançou o movimento republicano. Joaquim Nabuco e outros abolicionistas procuravam mostrar a flexibilidade da Monarquia e que esta poderia aceitar bem o federalismo, ou seja, a ampla autonomia das províncias, característica considerada específica da República. Nabuco queria provar que Monarquia e Federalismo eram compatíveis.

Mas o golpe republicano não pôde ser evitado.

Em abril de 1889, aos quarenta anos, casou-se com Evelina Torres Soares Ribeiro, filha do barão de Inhoan, fazendeiro da província do Rio de Janeiro, e com ela teve cinco filhos, entre os quais Carolina Nabuco, sua biógrafa.

Passou a viver mais recluso, dedicando-se a escrever trabalhos de natureza histórica e literária. Em 1891, escreveu o opúsculo *Porque continuo a ser monarquista*. Com o amigo Rodolfo Dantas trabalhou na criação do *Jornal do Brasil*, diário monarquista, do qual tornou-se articulista.

Em 1892 viajou com a família para a Europa, onde permaneceu por alguns anos. Nesses tempos de exílio voluntário, retornou ao catolicismo, do qual se achava afastado desde a faculdade e escreveu *Minha fé*, obra publicada em 1896.

No ano de 1895 publicou *Balmaceda* e o opúsculo *O dever dos monarquistas.*

Passou a colaborar na *Revista Brasileira*, fundada por José Veríssimo, que reunia figuras de grande importância nas letras e na cultura do país, tais como Eduardo Prado, Machado de Assis, Raimundo Correia e Alfredo Taunay.

O *Jornal do Comércio* publicou em 1896 o *Manifesto à Nação Brasileira,* redigido por partidários da monarquia que agora se uniam, integrando o Partido Monárquico na oposição. Foi assinado por pessoas como Nabuco, João Alfredo Correia de Oliveira, Afonso Celso de Assis Figueiredo (Ouro Preto) e Lafayette Rodrigues Pereira, representantes de diferentes tendências políticas, reunidos numa causa comum.

Nesse mesmo ano, Joaquim Nabuco publicou o livro *A Intervenção Estrangeira durante a Revolta,* que aborda a rebelião da Marinha contra Floriano Peixoto.

Em 1897, a *Revista Brasileira* deu origem à Academia Brasileira de Letras, em cuja instalação Joaquim Nabuco pronunciou o discurso inaugural. Entre esse ano e 1899, publicou os três volumes da obra *Um Estadista do Império*, que mostra a vida, as idéias e a época de Nabuco Araújo, que pesquisou durante muito tempo.

Durante toda a década de 89-99 Joaquim Nabuco permaneceu afastado da política, mas não poupando críticas aos governos militares.

Quando a República passou aos civis, sentiu-se finalmente capaz de colaborar com ela.

A convite de Campos Sales, aceitou ser o chefe da delegação brasileira que analisava a disputa de fronteira entre o Brasil e a Guiana Inglesa, arbitrada por Victor Emanuel III, da Itália. Em 1900, tornou-se Ministro chefe da Legação Brasileira em Londres e, em 1905, com a criação da embaixada brasileira em Washington, tornou-se nosso primeiro embaixador nos Estados Unidos, tendo apresentado suas credenciais ao presidente Teodore Roosevelt.

A reconciliação com a República só veio dez anos depois da queda do Império, e realizada através da participação diplomática, que lhe pareceu a menos conflitante com suas convicções.

Sua última década foi dedicada à Diplomacia e à defesa do Pan-americanismo, objetivando a aproximação com os Estados Unidos e a independência do Brasil no novo contexto internacional.

Retornou ainda uma vez ao Brasil, em 1906, acompanhando diplomatas americanos que participavam da III Conferência Pan-americana do Rio de Janeiro e que contou com a presença do Secretário de Estado dos Estados Unidos.

Viveu ainda três anos em Washington, onde morreu em 17 de janeiro de 1910.

Alguns dos seus livros foram ainda publicados nesse começo de século: *Minha Formação* (1900), *Escritos e Dis-*

cursos Literários (1901), *O Direito do Brasil (1903)* e, por fim, *Pensées Detachées (Pensamentos Soltos*, Paris, 1906). Algumas obras surgiram postumamente, em 1949, como *Campanhas de Imprensa*, *Discursos Parlamentares*, *Cartas a Amigos*, todas coligidas e anotadas por Carolina Nabuco.

Nabuco deixou uma obra volumosa e de importância. Os livros citados estão publicados, geralmente, em mais de uma editora.

O que realizou durante o Império e na década em que atuou na política externa da República, além do que deixou como obra literária, dão-lhe incontestavelmente um lugar proeminente que não se limita à História, à Literatura, à Política, mas também ao Direito e às Relações Internacionais.

Joaquim Nabuco foi uma das figuras mais proeminentes do Império e nos primeiros tempos da República, embora nela tivesse atuado por pouco tempo. Com a sua morte, a sensação que tomou conta dos políticos contemporâneos foi a de um imenso vazio, difícil de ser preenchido. É esse mesmo sentimento que se apossa de todos aqueles que pesquisam sua vida e sua obra. Personagem grandioso pelas suas ações e idéias, Joaquim Nabuco viveu o seu tempo com dignidade e ética admiráveis, marcando fortemente um dos mais interessantes períodos da nossa História.

Época e pensamento

"As condições do nosso tempo são as seguintes: vivemos no século XIX, num século que não há de ser tão grande por terem sido nele iniciadas, descobertas, empregadas, todas essas forças poderosas, todas essas indústrias que tanto têm concorrido para o progresso da civilização, que não há de ser tão grande pelo vapor e pela eletricidade, como pela marcha e desenvolvimento que as idéias liberais nele tem tido."

Joaquim Nabuco, *Anais da Câmara dos Deputados*,

pág. 772.

O século XIX foi um período de preocupação com o espírito científico, com sua organização e sua racionalização. Daí ser chamado o Século do Cientifícismo. A Física, a Química, a Biologia, a Geologia, a Paleontologia, a Arqueologia e a Sociologia conquistaram um lugar de destaque.

Entre os grandes nomes que revolucionaram o período estão Charles Darwin que criou a idéia de Evolução, isto é, de que o Homem e os primatas evoluíram a partir de um ancestral comum; Freud, o criador das Psicanálise, autor da teoria de que o Homem age levado por instintos e Karl Marx, o fundador do Socialismo Científico (sobre o qual voltaremos mais adiante), além de outros cujas pesquisas e descobertas mudaram a vida de toda a humanidade.

Este século, em que a Ciência teve uma posição de destaque especial, foi também o da Revolução Industrial e da nova paisagem urbana, da expansão do Capitalismo, do Liberalismo, do Parlamentarismo, do Socialismo e do Bem-Estar Social, do europocentrismo e do panamericanismo.

Nova paisagem

O triunfo do Liberalismo, da Burguesia e do Capitalismo Industrial remonta a eventos marcantes do século XVIII: o desenvolvimento tecnológico, a Revolução Industrial e a Revolução Francesa.

Foi um francês que no século XVIII criou a expressão "Revolução Industrial", mas os ingleses foram pioneiros na nova forma de produzir. Sobre isso, o historiador Paul Mantoux escreveu que "a arrancada foi tão repentina que pode ser comparada a uma revolução".

A industrialização se difundiu por um período de 150 anos, marcados por uma grande transformação tecnológica, invento constante de máquinas, concentrações industriais, preocupação com a melhoria da qualidade e aumento da produção.

Nesse contexto, a Europa Ocidental passou por uma grande mudança.

Sua paisagem urbana transformou-se com o crescimento das cidades, principalmente das capitais, onde os centros fabris atraíam milhares de trabalhadores vindos do campo. Apareceram as vilas operárias, cuja arquitetura homogênea e simples contrastava fortemente com aquela dos bairros aristocráticos.

A existência de fábricas e bairros tão diferentes criou uma divisão no espaço urbano: numa parte bucólica e com infra-estrutura viviam os mais ricos, enquanto que a periferia árida e precária e as várzeas dos rios eram a morada dos pobres, entre eles, a classe operária.

Representando um polo de atração, as cidades industriais tinham uma série de problemas a enfrentar, tais como a rede viária insuficiente, iluminação pública obsoleta, esgotos a céu aberto, acúmulo de lixo nas ruas e escassez de meios de comunicação.

Essas cidades tornaram-se tentaculares e pelas suas ruas estreitas e sujas acotovelavam-se pedintes, bêbados, prostitutas, rufiões, desempregados e outros miseráveis, frutos da desapropriação no campo e da mecanização de muitos trabalhos urbanos, mostrando a outra face do progresso: a "questão social".

Condições de trabalho

O ambiente físico da fábrica também era insalubre. Ora muito frio, ora muito quente, tinha pouca ventilação, iluminação imprópria e quase nenhum cuidado com a segurança dos trabalhadores. Por conta dessas condições, as doenças grassavam e os acidentes eram comuns, sem que os patrões se preocupassem em dar assistência.

A Revolução Industrial

Chamamos de Revolução Industrial ao processo de uso sistemático de máquinas na produção.

A Inglaterra foi pioneira em decorrência de diversos fatores: existência de capital, oferta grande de mão-de-obra, matéria-prima abundante, mercado consumidor e sociedade liberal.

A primeira revolução industrial ocorreu entre o final do século XVIII e início do XIX, sendo conhecida pela utilização da máquina a vapor, do carvão como combustível básico e do desenvolvimento da indústria têxtil.

O progresso da tecnologia foi de base empírica e ocorreu através da inventividade de homens "práticos" que trabalharam por muitos anos em setores produtivos. Ainda nessa fase, houve também o desenvolvimento da indústria metalúrgica. Essas mudanças ampliaram o uso das máquinas na produção, possibilitando o seu considerável aumento.

A estrada de ferro fez seu surgimento triunfal. Os mineiros ingleses já a utilizavam desde o fim do século XVIII para o deslocamento das vagonetas de minério, mas o desenvolvimento da máquina a vapor e sua adaptação ao trilho de ferro criou a locomotiva.

A Segunda Revolução Industrial, no final do século XIX, caracterizou-se pelo motor de explosão e a utilização da energia elétrica. Foi diferente da primeira, mais "científica" e menos dependente das invenções de homens práticos, cujo treino científico praticamente inexistia. Segundo o historiador inglês Geoffrey Barraclough, essa fase foi mais rápida em seu impacto e muito mais prodigiosa em seus resultados. Embora o carvão e o ferro ainda fossem a base, após 1870 surgiram o aço, a eletricidade, o petróleo e os produtos químicos.

A Primeira Revolução foi particularmente inglesa, mas a Segunda generalizou-se para todo o continente e mesmo para países fora da Europa. O impacto do progresso científico e tecnológico na sociedade ocorreu então em nível nacional e internacional. Muito do que hoje existe de corriqueiro em nossa vida diária surgiu em decorrência dessa Segunda Revolução. São exemplos: o motor de explosão, o telefone, o microfone, o gramofone, a radiotelegrafia, a lâmpada elétrica, os transportes públicos mecanizados, os pneus, a bicicleta, a máquina de escrever e as primeiras fibras sintéticas.

As indústrias elétrica e química do final do século XIX foram as primeiras indústrias surgidas a partir de descobertas científicas e tiveram um impacto enorme sobre a sociedade. O progresso da Medicina foi possível ainda graças ao desenvolvimento da Química. A Bacteriologia avançou graças à anilina, que permitiu o conhecimento de bactérias diferenciadas pela coloração, e juntamente com a Microbiologia e a Bioquímica surgiram como ciências novas.

Foram tão amplas e profundas as repercussões da Revolução Industrial que seria impossível destacá-las; convém, todavia, lembrar que a ela está intimamente ligado o desenvolvimento do Capitalismo Industrial, da grande indústria e dos Imperialismos do século XIX.

Trabalhava-se até o limite da resistência física, atingindo um expediente de doze, quinze e até dezoito horas por dia, com breves intervalos para minguadas refeições, sem domingos e feriados.

As mulheres concorriam com os homens e recebiam salários menores.

Crianças passaram a ser largamente exploradas, com salário ínfimo. Recrutadas desde os quatro anos, catavam rolos de linha atrás das máquinas, atavam fios por detrás dos teares, limpavam partes inacessíveis da maquinaria ou, rastejando, puxavam as vagonetas das galerias das minas.

Pesquisas atuais evidenciam que alguns tipos de operários, em algumas regiões, tinham condições de vida melhores do que se pensa. Mas documentos da época, como inquéritos parlamentares ingleses, fornecem-nos dados alarmantes sobre a saúde, habitação e salários dos trabalhadores. Denúncias similares ocorreram na França.

A partir de 1850 houve uma melhoria das condições de trabalho, pois o crescimento das exportações provocou uma saturação de produtos no mercado internacional. Foi a época em que surgiram as primeiras crises capitalistas de superprodução e em decorrência delas passou-se a investir mais no consumo do que na produção de caráter exportador. Foi a passagem do capitalismo de investimento para o de consumo. Tais medidas favoreceram a que a classe operária obtivesse uma relativa melhoria de vida. Passou a haver um maior atendimento às suas reivindicações. Uma parte da população assalariada atingida pela crise emigrou. Assim, ingleses, irlandeses, alemães e eslavos buscaram outros países favorecidos pelo progresso técnico e das comunicações.

A expansão capitalista

Já desde o século XIII as cidades européias viviam um renascimento do comércio e das manufaturas.

Mas foi a partir do século XV que começou a haver maior crescimento do campo e da cidade, muito interdependentes. Porém, as condições eram ainda modestas, com baixa produção; qualquer má colheita era arduamente ressentida.

Nas cidades fazia-se o importante comércio do trigo, alimento fundamental para toda a população, e das especiarias do Oriente, que desempenharam um papel relevante na economia. Desenvolveu-se a indústria têxtil de lã, do algodão e da seda, e, a partir do século XVI, a indústria metalúrgica. Esse período já assinalou o desenvolvimento do Capitalismo Comercial dos tempos modernos, com a fixação de tarifas alfandegárias protecionistas (impedindo a entrada de produtos estrangeiros), controle da balança comercial e política de apoio à produção industrial. Como todas as nações européias tomavam medidas nesse sentido, chegou-se a um verdadeiro impasse, parcialmente solucionado por tratados comerciais e guerras, mas em grande parte resolvido pelo colonialismo.

A expansão comercial dos europeus levou-os à ocupação e exploração do Novo Mundo, com acumulação de capitais na Europa, especialmente no caso da Espanha (extração de metais preciosos) e de Portugal (produção de gêneros tropicais), cabendo a franceses, ingleses e holandeses o controle de áreas de menor importância.

O Capitalismo Comercial constitui, assim, um novo sistema econômico internacional com intenso comércio entre as nações, com novas formas de transações bancárias mais ágeis, com uma contínua expansão de mercados, com controle de monopólios, com novas relações internacionais econômicas e políticas, com novos conflitos e guerras coloniais, em que o Estado exerceu papel intervencionista e coordenador da economia.

O Capitalismo Comercial se estendeu até o século XVIII, quando, em decorrência da Revolução Industrial e da era da máquina, surgiu o Capitalismo Industrial.

O triunfo da indústria, a conseqüente concentração populacional nas cidades e o crescimento rápido da urbanização foram fenômenos marcantes do século XIX.

A Inglaterra, potência de primeira grandeza, passou para um período de plena industrialização, além de ser um país credor por excelência, e desfrutar de uma incontestável preeminência financeira, comercial e técnica.

As grandes potências industriais européias, França, Bélgica e Holanda, encabeçadas pela Inglaterra, potência industrial hegemônica, precisavam escoar o excesso de mercadorias e de capitais excedentes A velha Europa, mais uma vez, precisava de colônias, para conseguir matérias-primas e mercados consumidores. A Inglaterra e a França formaram, então, um vasto Império colonial.

Surgiu um novo sistema colonial ou **Neocolonialismo**, em que os países europeus mais ricos eram também mais dependentes da compra de manufaturas pelo mundo neocolonizado. Nesse sistema neocolonial de dependências desenvolveu-se um padrão característico de relações internacionais.

Alemães na África: a industrialização promoveu um novo colonialismo europeu, que usou como pretexto os ideais humanitários, cristãos e civilizadores. (Gravura do século XIX)

Embora sem possibilidade de ser comparado aos nossos dias, o mundo tendeu a se constituir num bloco econômico subordinado ao Capitalismo europeu e ao domínio inconteste da Burguesia.

A Alemanha já vinha se desenvolvendo industrialmente, mas só entrou para a competição colonial no fim do século XIX, após a sua unificação, o chanceler Bismarck não acreditava na utilidade de uma expansão colonial e centrava suas atenções para o seu próprio mundo; assim, foram os negociantes alemães e as Câmaras de comércio de Hamburgo e Bremen, cidades de tradição marítima, que deram origem à vocação colonial da Alemanha, comprometendo o governo com suas atividades.

Alemanha e Itália chegaram atrasadas à partilha colonial em virtude de seus processos de unificação terem se realizado somente em 1870. Depois dessa data, esses países partiram para a competição direta pela conquista de mercados coloniais na África, confrontando-se principalmente com a Inglaterra.

Dessa disputa por territórios resultou a Primeira Grande Guerra Mundial.

O Liberalismo

O Liberalismo constituiu a grande doutrina do século XIX, marcando-o por inteiro. Geralmente considera-se que sua importância histórica teve início com as idéias revolucionárias dos filósofos do Iluminismo, como Voltaire, Montesquieu e Rousseau, que lançaram as bases dos revolucionários franceses defensores da Liberdade, Igualdade e Fraternidade.

Aliás, a *Declaração dos Direitos do Homem e do Cidadão* constitui um documento profundamente revolucionário. Muito antes disso, porém, na Inglaterra do século XVII, John Locke lançou as bases para o Liberalismo, dizendo que os Homens nascem e devem continuar livres e iguais, considerando o Absolutismo Monárquico como essencialmente ilegítimo.

Foi no século XVIII, porém, e graças à Revolução Francesa, que o Liberalismo expandiu-se, tornando-se uma filosofia global.

Costuma-se, por vezes, reduzi-lo a seu aspecto econômico, ou seja, à teoria do *"laissez faire, laisser passer"* (deixar fazer, deixar passar), que defendia o comércio livre.

Mas o Liberalismo é muito mais do que isso. Proclama a liberdade do comércio sem a fiscalização do Estado, que deve deixar a iniciativa privada, individual ou coletiva, agir livremente. O Estado só deve intervir em caso de delito grave.

O Liberalismo defende a total liberdade do indivíduo, liberdade de pensar, de agir, de se comunicar, se associar, sendo contrário a toda forma de autoritarismo, seja do Governo, Igreja ou de qualquer outra instituição. Embora exista um Liberalismo católico, o liberal é sempre anti-clerical, avesso a dogmas. O Liberalismo desconfia do Estado, defende um poder descentralizado e manifesta-se por um controle regular sobre o seu exercício. Contrário ao Absolutismo, opta pela idéia de separação de poderes, e por um equilíbrio entre eles. Daí fazer a apologia do Parlamentarismo.

O pensamento liberal foi uma idéia subversiva que ganhou a Europa, suscitando movimentos idealistas e ações coletivas nobres.

Como a burguesia fez a Revolução Francesa e dela recebeu o poder, quis também conservá-lo contra o retorno da aristocracia e a ascensão de camadas populares. O liberalismo tornou-se, por isso, o instrumento dessa classe social. Os interesses dela vão se confundir com a aplicação que ela faz do Liberalismo. Essa simbiose entre burguesia e Liberalismo ocorreu em todos os países onde ele penetrou.

Em todos os lugares pelos quais se difundiu, o Liberalismo teve seus limites. No Brasil, por exemplo, o Liberalismo teve significados diferentes em diferentes épocas. Antes de 1822, foi instrumento de luta contra a Metrópole. As independências do Brasil e da América platina foram decorrência dele. Depois dessa data, o Liberalismo teve características diferentes nos seguintes períodos:

- entre 1822 e 1848, exemplificados nos movimentos de abdicação e nas revoltas liberais de 1831, 1844, e 1848;

- de 1848 a 1868 houve uma consolidação do liberalismo conservador, época em que a Monarquia se estabiliza e suas instituições funcionaram adequadamente;
- de 1868 até as primeiras décadas do século XX houve um ressurgimento de um liberalismo crítico (quando aparecem as primeiras oposições à Monarquia, críticas às Instituições, surgimento do partido republicano etc.).

O liberalismo teve também, por conseguinte, a sua especificidade nacional e temporal.

A Revolução Francesa

A Revolução Francesa de 1789 eclodiu como resultado de um longo processo de desestruturação do Antigo Regime, que se assentava em governos absolutistas, economia mercantilista e estrutura social estamentária. Foi uma revolução por excelência, tornou-se um paradigma para o estudo de revoluções. Em decorrência dela, houve um grande e acelerado movimento de mudanças que atingiu a política, economia, sociedade, religião e até mesmo aqueles setores da atividade humana que raramente sofrem alterações profundas: os costumes, a mentalidade e a cultura. Os ideais de Liberdade, Igualdade, Fraternidade e a Declaração dos Direitos do Homem, defendidos pelos revolucionários, tornaram-se modelo não só para a França, mas para todo o mundo ocidental, em todos os tempos.

Às vésperas da revolução, a Monarquia Absolutista francesa estava debilitada.

Os nobres usufruíam de uma série de privilégios, como isenção de taxas e impostos e viviam luxuosamente no palácio de Versailles, praticamente às custas do Trono.

A burguesia, em ascensão tinha poder econômico, mas não força política. Essa parcela da população opunha-se aos altos tributos e desejava mais liberdade para produzir e comerciar.

Numa sociedade basicamente rural, a maior parte do povo vivia em condições muito precárias. Essa situação agravou-se com a crise agrícola de 1788, que repercutiu aumentando o preço dos alimentos.

A situação do país era extremamente grave. Os Estados Gerais foram convocados, o que não ocorria desde 1614. Estes Estados constituíam a Assembléia em que se reuniam as três ordens: Nobreza (1º Estado), Clero (2º Estado) e Povo (3º Estado), estando a Burguesia incluída neste último. As divergências entre as formas de se fazer a votação, por ordem ou cabeça provocaram um conflito entre os Estados, pois se fosse da primeira forma favoreceria a nobreza e o clero, se da segunda a vantagem estaria com o 3º Estado, mais numeroso. Rompeu-se a possibilidade de qualquer acordo entre a Nobreza e Burguesia a nível de legislativo. Embora parte do clero fosse constituído de representantes do povo, outra parte estava ligada à nobreza que começava a se opor às reivindicações.

Instigados pela burguesia, que tomava a direção do movimento iniciaram-se os protestos. Populares sublevados reivindicaram reformas políticas e redução de impostos e do custo de vida. A nobreza já havia aberto mão de seus privilégios. Mas essa medida parecia insuficiente, os revolucionários já não se contentavam com isso. Queriam mais, principalmente por que a burguesia, que comandava a revolução, tinha consciência de sua força.

A agitação popular se manifestou na tomada da Bastilha à 14 de julho, de onde foram retirados alguns presos comuns. Mas o acontecimento tomou outras dimensões, pois esta prisão era símbolo do Poder Absoluto do Rei e onde eram normalmente encarcerados presos políticos.

A Assembléia elaborou a Constituição de 1791, instituindo a Monarquia Constitucional, redigiu a Declaração dos Direitos do Homem e do Cidadão, e declarou que todos eram iguais perante a lei. A idéia de cidadania passou a ter a partir daí apoio especial.

A Assembléia Legislativa transformou-se em Convenção Nacional.

A nobreza foi acusada de pactuar com as nações inimigas da França. A monarquia foi abolida em 1792, o Rei executado por alta traição, seguindo-se nobres e a Rainha. O terror tomou conta do país e a guerra externa agravou a crise econômica. Os girondinos, que constituíam uma ala moderada da convenção, foram considerados fora da lei. Firmou-se a ditadura jacobina, facção radical de representantes populares, que trouxeram o terror à França.

Em 1795, ocupou o poder, o Diretório constituído de cinco membros, políticos fracos que haviam sobrevivido ao grande terror revolucionário que acabara com todas as lideranças mais expressivas do movimento. Nesse período passou a destacar-se no país Napoleão Bonaparte, jovem militar que se consagrara no combate externo aos inimigos da Revolução.

Se a burguesia era contra o Absolutismo, também é certo que não desejava o povo no poder, isto é, não lhe interessava o radicalismo em curso. Por esse motivo, em 1799, passou a apoiar Napoleão. Com Bonaparte no poder, a burguesia controlou o Estado, colocando-o a serviço de seus interesses.

O Parlamentarismo

O Parlamentarismo constitui uma forma de governo que não se originou do pensamento de um teórico. Foi produto de uma evolução lenta que remonta a época feudal, na Inglaterra, no século XI, quando Guilherme, o Conquistador, deu vantagens a chefes militares que o haviam ajudado. O Rei passou a convocar uma pequena assembléia de Barões e Prelados que opinavam em matéria financeira e, só em 1215, eles tiveram seus direitos confirmados pela Magna Carta.

Assim formou-se o embrião do regime parlamentar dualista do século XVII em que o poder dividia-se entre o Gabinete e o Parlamento. Com o correr do tempo, o poder do Parlamento tornou-se maior e o rei tornou-se uma figura decorativa, sem poder algum. O Poder Executivo era representado pelo Gabinete, cujo chefe era retirado do partido dominante das Câmaras. O Parlamento era bicameral: Câmara dos Lordes e dos Comuns.

O Gabinete se mantinha em princípio se tivesse o apoio do Governo e a confiança da Câmara e esta, assim como o Gabinete, era sustentada pela opinião pública. Uma moção de desconfiança podia derrubar o Gabinete.

O parlamentarismo foi adotado na França, Bélgica, Holanda, países nórdicos e, mais tardiamente, na Alemanha e na Itália, países onde o capitalismo achava-se em franco desenvolvimento.

Trata-se de um regime em que uma contestação provoca crise, mas não a sua destruição. Ainda é um sistema político representativo baseado num processo de eleições indiretas, de forma que no século XIX ele era liberal antes de ser democrata.

No Brasil, o sistema parlamentar foi desvirtuado pela existência do Poder Moderador, estabelecido pela Constituição de 1824, e através dele era o Imperador quem escolhia o Presidente do Conselho e este saía não da Câmara dos Comuns ou Deputados, mas do Senado, que era órgão vitalício de escolha imperial, após o processo eleitoral. Havia no sistema brasileiro certa confusão de poderes e não a pretendida colaboração.

O regime parlamentar do Império tinha algumas falhas, era um "Parlamentarismo à brasileira", que Joaquim Nabuco preferiu chamar de "Parlamentarismo Fraudulento".

O Socialismo e o Bem-Estar Social

O Socialismo nasceu da expectativa frustrada de que o Liberalismo traria o bem-estar econômico. Havia a idéia de que a eliminação das restrições governamentais ao comércio e à indústria acarretariam um progresso imediato e geral nas condições de vida material. De fato, houve um desenvolvimento populacional bem expressivo, um aumento da riqueza após a Revolução Industrial e nas décadas seguintes à Revolução Francesa. Porém, o que impressionava aos analistas da situação era o fato de haver uma distribuição muito desigual da riqueza, estando a burguesia muito favorecida, enquanto as classes trabalhadoras viviam em condições bastante precárias. A idéia de que o Liberalismo era bom para toda a humanidade estava desfeita. O Socialismo foi uma resposta a essa decepção.

Também os socialistas acreditavam no progresso. Enquanto os liberais consideravam que o empecilho para o desenvolvimento geral estava nas desigualdades legais, os socialistas acreditavam que a barreira eram as desigualdades econômicas. Eliminar a concorrência dos mercados foi o objetivo socialista.

As primeiras agitações socialistas aconteceram paralelamente ao movimento da Revolução Francesa. Alguns revolucionários acreditavam que os lemas da Revolução, "Liberdade, Igualdade e Fraternidade", não eram suficientes para combater as diferenças sociais existentes.

Foi só no começo do século XIX que houve uma efervescência do pensamento socialista. Alguns nomes que então surgiram tornaram-se conhecidos como Socialistas Utópicos e tinham propostas muito diversas para a solução da disparidade da riqueza.

O socialismo só passou a ter uma base científica com Karl Marx e Freiderich Engels. O primeiro, embora de origem germânica, passou grande parte da vida na Inglaterra. Tinha Marx um conhecimento científico grande de Economia, História e Direito e queria apresentar uma nova e consistente teoria para solucionar o problema das desigualdades sociais. Na época em que ele vivia, pensava-se que o progresso poderia vir de uma forma contínua, evolutiva, mas Marx e Engels, principalmente o primeiro, defendiam a idéia de que o progresso com a igualdade social só seria concebível pela destruição da ordem social vigente. Surgiu, assim, o método do **Materialismo Dialético** e o princípio do **materialismo histórico**. O seu princípio era a idéia de que a força propulsora das sociedades humanas era de natureza econômica, o desejo de bem-estar material. Em qualquer fase histórica havia uma classe dominante que tinha o monopólio da riqueza. Novas classes surgiam e também aspiravam explorar essas oportunidades. Sob o ponto de vista dialético, a ordem estabelecida constitui uma tese, que produz a própria antítese na forma de uma classe revolucionária. O resultado é que a nova classe vencendo e sendo mais poderosa que a anterior, realizava a síntese, ocupando o poder e remodelando a sociedade segundo seus próprios interesses. O Materialismo Dialético seria esse curso constante de progresso.

A classe dominante então era a burguesia que tinha toda força desde a Revolução Industrial e que ocupou o poder em 1789, na França, quando os nobres foram derrotados.

A nova ordem social traria ao poder a classe trabalhadora, o proletariado, que deixaria de trabalhar por salários ínfimos, já que no sistema capitalista o empresário ficava com o lucro, ou "mais valia". Como classe explorada, o trabalhador tinha que tomar consciência de sua situação e lutar pela nova ordem.

Marx transmitiu aos seus seguidores a idéia de que essa revolução traria igualdade. Todavia, havia pontos altamente utópicos em sua mensagem e a análise posterior permitiu compreender certas fragilidades de seu pensamento.

A adesão à sua doutrina teve um caráter de cruzada, constituindo-se numa poderosa oposição ao Liberalismo.

Atacando o Liberalismo, a doutrina marxista manifestava-se contrária à ordem estabelecida, rejeitava globalmente as instituições políticas, o regime econômico, as relações sociais, enfim tudo que lembrava o funcionamento de um governo burguês. Condenava ainda a moral, a religião e a filosofia dominante. O Marxismo criticava o Nacionalismo e pregava o Materialismo Dialético que suplantava as fronteiras nacionais.

Os congressos socialistas que reuniam representantes de diversos países eram chamados **Internacionais**, discutiam os rumos do Marxismo e tinham uma grande força e coesão interna, enfraquecidas com o passar dos anos. Houve vários desses congressos no decorrer do século.

Também grupos socialistas faziam oposição à doutrina Marxista, haja vista o pensamento do francês Proudhon, que exerceu poderosa influência sobre a maioria dos fundadores da Internacional até o momento da guerra franco-prussiana, quando a vitória da Alemanha enfraqueceu a influência do socialismo francês.Com o passar do tempo, partidos socialistas filiaram-se ao Marxismo.

Nos países escandinavos, na Inglaterra, na França e na Bélgica, os socialistas ganharam cadeiras no Parlamento, concorrendo com outros partidos; mas, na Europa do Leste isto não aconteceu, pois o Socialismo foi posto na clandestinidade.

A burguesia temia esse socialismo que se apresentava crítico, mordaz, disposto à destruição das instituições liberais, à mudança social radical por meio da luta de classes e que a todo custo queria a tomada do poder. Por isso, ainda no século XIX, a burguesia lutou de todas as formas para combater o Marxismo, através da propaganda, de debates, da imprensa, dos processos eleitorais, das normas legais, da Igreja, das instituições eclesiásticas, das perseguições e prisões. Mas, apesar do confronto, a vitória do Marxismo sobre outras escolas socialistas e a transformação do Socialismo de doutrina especulativa em força política foram fatos concomitantes e inquestionáveis.

O Europocentrismo

A importância da preponderância européia foi decisiva para os europeus, e teve conseqüências fundamentais para todo o mundo colonizado, para todos os continentes, mudando assim a face do globo.

Durante o século XIX, a Europa foi sempre o centro das decisões das grandes potências, de forma que até mesmo os acordos assinados, que punham fim a conflitos e guerras, tiveram como palco cidades européias como Haia, Bruxelas, Paris, Londres e Berlim. Foi nesses centros que se decidiu a sorte da China, África Central e América Latina.

Foi a Europa que pôs o mundo em ordem, explorou os seus recursos, que ela mesma havia descoberto, e foi ainda ela quem redistribuiu pelo globo a produção dos gêneros alimentícios, da mão-de-obra e dos capitais. Foram estes ainda aplicados em diferentes países, e com eles, a tecnologia européia, especialmente a inglesa, que traçou estradas, ferrovias, canais, pontes, cabos submarinos e telégrafos, entre outras coisas. A Europa também exportou especialistas e enviou força de trabalho através da imigração. A Europa representou o centro de dispersão e de retorno de todas essas forças. Dizia-se que ela era o relógio do mundo. De fato, até os meridianos foram contados, partindo-se da Europa. Os grandes mercados, as bolsas, tudo centrava-se na Europa.

A influência pode ser bem percebida na América Latina, especialmente no Brasil, no próprio exercício do poder. A adoção da Monarquia era uma influência européia e o próprio Poder Moderador, que nos distanciava do esquema modelo, era uma inovação do filósofo e publicista francês Benjamin Constant.

O Parlamento Nacional tinha como ideal de procedimento e de atuação os políticos ingleses, franceses e belgas.

Assim, no falar e no agir, nossos parlamentares imitavam os europeus, com uma classe de verdadeiros *gentlemen*.

Nas discussões de projetos surgiam também propostas que simplesmente queriam copiar o que se decidia nos parlamentos europeus. Para projetos nacionais muito peculiares ao Brasil, como a questão do recrutamento militar, por exemplo, houve proposta de que se tomasse como modelo a Suíça, país de dimensão totalmente diversa da nossa, em que o problema era resolvido voluntariamente pelos próprios cidadãos.

Livros ingleses, mas especialmente franceses, eram lidos pelos políticos e por todas as pessoas cultas do país. A revista *Deuxit Mondes* era a citação mais freqüente no Senado do Império.

A influência política inglesa e francesa foi marcante no Brasil, mas também o foi a cultural. A presença de ingleses no Rio de Janeiro deu marcas muito nítidas a nossa vida comercial no século XIX, como se verá adiante. A urbanização das praias no Rio foi uma cópia dos parques franceses. A presença de modistas francesas ditava a moda da elite feminina do Rio. Era uma época em que se importava tudo do Velho Mundo, inclusive tecidos, sedas, figurinos. Para a beleza e conforto das residências, as elites compravam quase tudo da Europa. A chegada dos navios era sempre um grande acontecimento. Deles se esperavam as novidades, as notícias, enfim o que exportava o mundo civilizado.

A Europa deixou no século XIX sua marca por toda parte, sem haver nenhuma reciprocidade. De outras culturas, o europeu conservou apenas lembranças, como curiosidade ou exotismo. O Europocentrismo foi um fenômeno de amplidão inquestionável e que se estendeu até meados do século XX.

O Panamericanismo

O Panamericanismo, que se desenvolveu entre os séculos XIX e XX, foi um fato de relevância no mundo de então, pois mostrava a força, a liderança, a hegemonia norte-americana que estava surgindo e que começaria a abalar o europocentrismo, que dominara por todo o século anterior. A hegemonia de um continente estava sendo substituída pela de um país.

Essa mudança do polo de prestígio e poder político e econômico resultou de um processo lento de desenvolvimento que se processava paralelamente à europeização do mundo.

Em 1817, James Monroe ocupou a Presidência dos Estados Unidos. Nesse período, houve um crescimento territorial, com o acréscimo de mais quatro Estados na Federação e, paralelamente, o país teve um significativo desenvolvimento econômico, com grande impulso da lavoura e da indústria, especialmente a algodoeira.

Monroe foi ainda o responsável por uma doutrina de política externa que refutava toda intervenção européia na América, ou seja, "a América para os americanos". Firmava-se, assim, uma nova política de relações internacionais que teve importância considerável no continente. Tinha sido firmada tendo-se em vista a política da Santa Aliança, que surgira na Europa após Napoleão, e que pretendia conter os movimentos liberais que estavam ocorrendo nos diversos países europeus e impedir que se repetissem nas colônias de Espanha e Portugal, onde se intensificavam as lutas pela independência.

A doutrina de Monroe foi redigida por John Quinçy Adams em três itens:

1º Os Estados Unidos declaravam que desde então as terras americanas não mais poderiam ser alvo de tentativas coloniais das nações européias, embora reconhecessem e aceitassem as colônias que no momento existiam na América.

2º Os Estados Unidos tinham como princípio diretor de sua política internacional não se imiscuírem nas questões européias.

3º Declaravam, por isso, perigosa à sua segurança qualquer tentativa européia de intervenção nas antigas colônias recém-libertadas.

Só essa doutrina de Monroe não daria força política à nação americana para conquistar o espaço que ela alcançou no começo do século XX. Mas os Estados Unidos desenvolveram-se comercial e financeiramente, alargaram as fronteiras para o Oeste, construíram estradas, abriram canais e a União foi sendo consolidada apesar das divergências entre o Norte industrial e o Sul, agrícola e escravocrata. Entretanto, essa disparidade e a abolição do trabalho escravo provocaram a devastadora Guerra de Secessão (1860 a 1865), vencida pelo Norte, que impôs o seu modelo econômico ao restante do país, alavancando um rápido desenvolvimento.

O petróleo, descoberto antes da guerra foi explorado por centenas de companhias, como a *Standard Oil Company* fundada pelo jovem empreendedor John D. Rockfeller.

Porém, o grande fator que destacou os Estados Unidos no plano internacional foi a guerra contra a Espanha, motivada pela situação de Cuba, que queria sua independência e os espanhóis não consentiam. Os Estados Unidos receavam a dominação da Espanha nas Antilhas.

A luta contra a potência Ibérica foi vencida pelos norte-americanos e esse episódio evidenciou o nascente imperialismo americano. A derrota espanhola causou grande impacto mundial, pois pela primeira vez a Europa fora suplantada.

Juntamente com a idéia de hegemonia americana, os Estados Unidos queriam propagar o **Panamericanismo**, que foi se tornando uma consciência nacional para toda a América. A América hispânica, com toda sua fragmentação política, criara a idéia de uma solidariedade continental sul-americana, com o pensamento de Francisco de Miranda e Simón Bolívar. Mas foi só depois de Monroe que se firmou a idéia de não se admitir nenhuma interferência européia no continente americano.

Os Estados Unidos, despontando como nação hegemônica, obtinham o predomínio na América e especial importância no Brasil, por ser um país vizinho com semelhanças e ideais comuns. Desde 1870 havia também se tornado o maior comprador de produtos brasileiros.

Chegando aos Estados Unidos como embaixador, Joaquim Nabuco, o grande entusiasta da cultura britânica, empolgou-se com o Panamericanismo, que se transformou na sua última causa, a sua derradeira batalha.

De fato, advogou a importância do Panamericanismo para um mundo que perdera a hegemonia européia. Nabuco percebeu a nova posição internacional e acreditou que a política externa brasileira devia caminhar na mesma direção. Aliás, o que estava fazendo era cumprir a política externa do Barão do Rio Branco, que almejava uma boa cooperação com os Estados Unidos.

A impressão que passam os seus escritos da época era de entusiasmo e admiração. Parece que não percebeu, porque talvez não desse para intuir naquele momento, os avanços do capitalismo monopolista e do seu corolário maior, o Imperialismo.

A presença inglesa no Brasil

Uma das mais importantes decorrências da vinda da Corte portuguesa para o Rio de Janeiro foi o fortalecimento da influência inglesa no Brasil, que atingiu de maneira muito nítida o mundo do comércio. A troca de mercadorias foi contínua e numerosa. Trouxeram artigos de todas as espécies e levaram matéria-prima como o algodão, produtos agrícolas e derivados da pecuária. Desde então, investiram grandes capitais em títulos de empréstimos ao governo, em companhias mineradoras, em estradas de ferro e em muitas empresas. Também influenciaram nos hábitos, sugerindo residências com jardins bem cuidados e decoração de bom gosto, com novos móveis, arranjos, louças, porcelanas e cristais, trazendo refinamento aos costumes pobres da colônia.

Tiveram, ainda, uma grande influência na cultura, particularmente no ensino e na literatura. Por tudo isso, uma historiadora do período diz que "o século XIX, especialmente a primeira metade, foi, no Brasil, um século inglês por excelência."

O Brasil herdara de Portugal a dependência em relação à Inglaterra.

Tratados comerciais que remontavam ao período colonial asseguravam amplas facilidades alfandegárias aos produtos ingleses, bem como incentivos fiscais aos investimentos.

Já em 1808, com a Abertura dos Portos às Nações Amigas de Portugal e Inglaterra medida decretada por D. João VI ao chegar, rompeu-se o exclusivismo colonial e a Inglaterra passou a ser a nação mais beneficiada, já que lhe cabia a orientação geral do comércio brasileiro. As "nações amigas" no momento significavam só a Inglaterra, já que toda a Europa estava sob o domínio napoleônico e ele impusera sobre esta o Bloqueio Continental.

Naquele ano, muitos comerciantes ingleses chegaram ao Rio. Eram representantes de firmas que abriam filiais. Calcula-se que vieram em cem. Ao lado desses comerciantes respeitáveis, vieram também aventureiros e especuladores. Navios ingleses abasteceram o Brasil, trazendo tão grande número de mercadorias que elas abarrotaram o porto dificultando o desembarque.

Em 1810 foi assinado o importante "Tratado de Comércio e Amizade", que regia todas as relações comerciais entre Portugal e a Inglaterra. Nesse acordo, ficou evidente a preeminência inglesa no Brasil, pois os produtos trazidos da Inglaterra pagariam 15% de impostos, enquanto que mercadorias vindas de Portugal seriam taxadas em 16% e das demais nações em 24%. Assim, o comércio inglês passava a dominar o comércio brasileiro e impedir o desenvolvimento da indústria nacional.

Esse tratado ainda assegurava que o governo português era responsável pelas perdas e danos sofridos pelos carregamentos ingleses; os comerciantes ingleses, por sua vez, tinham assegurado prazo de 3 a 9 meses para pagamento de impostos. Também era-lhes concedida uma série de vantagens e garantias, tais como proteção contra inspeções a livros e papéis de registros de mercadorias, e se fossem acusados de contrabando, traição ou outro crime só poderiam ser feitas visitas ou exames com a sanção do magistrado competente e na presença do Cônsul. Os ingleses gozavam de verdadeiro privilégio de extraterritorialidade, já que eram julgados pelo juiz conservador da nação inglesa, magistrado especial de escolha dos ingleses. Havia ainda outros artigos do tratado de 1810 a beneficiar os britânicos. A Inglaterra, portanto, passou a dominar o comércio exterior brasileiro e os ingleses residentes no Brasil, controlavam o comércio interno.

A influência da Inglaterra na vida econômica nacional continuou no Primeiro e Segundo Reinado. Assim, os ingleses investiam em bancos, serviços públicos, reservas minerais, transportes, ferrovias e melhoramentos urbanos. O Brasil estava, pois, inserido no capitalismo europeu internacional via Inglaterra.

A influência externa inglesa ia até a participação no reconhecimento da Independência, no controle à escravidão no Brasil, no estabelecimento de leis restritivas ao tráfico, na fiscalização do contrabando, na prisão de navios negreiros, e na intromissão em questões de âmbito interno, como a que provocou a questão Christie.

O Império do café

Na segunda metade do século XIX, o Brasil era um país em que o rural ainda representava a parte expressiva. Havia muitos centros urbanos, mas poucos realmente desenvolvidos e estes se encontravam no litoral, geralmente cidades portuárias como Rio de Janeiro, Salvador e Recife.

A cidade mais populosa era a do Rio de Janeiro, a capital do Império, onde estava a Corte, e que ostentava o que havia de mais grandioso e significativo da Monarquia. Nela pulsava a vida política da Nação.

Sua principal riqueza provinha da cafeicultura do Vale do Paraíba, mas o mercado financeiro e o comércio também eram expressivos e anda abrigava o principal porto do país.

A produção cafeeira havia encontrado na região do Vale condições muito favoráveis ao seu desenvolvimento. Foi o começo das grandes exportações.

O cultivo na região foi iniciado nas primeiras décadas do século XIX e por volta de 1830 já atingia uma grande produção, que se manteve até cerca de 1870 ou 1880. Constituía a mais importante área cafeeira nacional, o sustentáculo da economia do Império, que se consagrava com a famosa expressão, "o Brasil é o Vale". Nessa região, a base da produção era o trabalho escravo. Daí dizer-se freqüentemente na imprensa e no Parlamento que "o Império é o café e este, o negro", frase depois muito vulgarizada, mas que correspondia efetivamente a uma realidade, tanto dentro como fora do país. Internacionalmente o Brasil também era só o café.

O Brasil continuava preso a uma estrutura escravista, agro-exportadora e latifundiária, herdada da colônia. Mantinha também a tradição de ser exportador de produtos tropicais ao Velho Mundo e aos Estados Unidos.

No Vale do Paraíba se formou a última grande aristocracia do Império, a dos Barões do Café e estes fazendeiros, seus filhos e genros, tiveram assento nas Assembléias Provinciais, na Presidência de província e no Parlamento Nacional, ocupando cargos na Câmara dos Deputados e no Senado (É bom lembrar que o fazendeiro de café era a figura de maior destaque no Império; mas também senhores de engenho do Nordeste e representantes do centro urbano, ligados ao comércio e às profissões liberais, tinham acesso aos vários escalões do governo).

Os jovens filhos dessa aristocracia cafeeira tinham condições de estudar, completar cursos em faculdades no país e no exterior, viajar e se preparar para a ação política.

O café, todavia, não se limitou ao Vale do Paraíba. Assim, mesmo quando houve queda de produção, o volume das exportações continuou alto, pois o produto estava sendo plantado no Oeste paulista, centralizando-se em Campinas e estendendo-se numa faixa para o Norte, até Ribeirão Preto.

A orientação geográfica do comércio do café não era mais para o Rio de Janeiro, mas para a capital da província de São Paulo e, através dela, para o porto de Santos. Data dessa época, o início do desenvolvimento da cidade de São Paulo.

Nessas novas áreas, o café encontrou a terra roxa, que se tornou fundamental para o desenvolvimento da cafeicultura paulista.

No Oeste paulista surgiu um elemento novo para a mão-de-obra do café: o imigrante, especialmente o italiano, que desempenhou um papel importantíssimo para a lavoura. Até 1875 ainda era uma imigração inexpressiva, aumentou a partir do ano seguinte e superou todas as demais correntes, inclusive a portuguesa, até então na vanguarda.

Quase todos os fatos econômicos, sociais e políticos mais importantes, desde meados do século XIX até a década de 1930, foram decorrência da lavoura cafeeira: o deslocamento das populações de todas as partes do Brasil para São Paulo, a maciça imigração européia, a abolição dos escravos, o federalismo e a República mergulham suas raízes no rei café, destronador do açúcar, do ouro e dos diamantes, que tinham ocupado este lugar no passado.

Café: riqueza que acelerou o desenvolvimento de São Paulo e estimulou a vinda de imigrantes. (Representação comercial de empresa paulista em Buenos Aires, Argentina.)

A política no Império

A Constituição de 1824 estabelecia no país uma Monarquia hereditária constitucional representativa, e através dela instituía quatro poderes: os três convencionais e um *sui generis*, o Moderador, pela primeira vez colocado em uma Constituição.

O Poder Moderador devia ser a chave de toda a organização política. Era exclusivo do Imperador, que para exercê-lo contava com a consulta ao Conselho de Estado, colegiado que se compunha de dez, depois doze membros escolhidos pelo Imperador, como seus conselheiros vitalícios

Nas décadas de 1850 e 1860, o Conselho de Estado teve muito prestígio e ser conselheiro era então uma posição invejável, o que mostrava a força da instituição. A partir de 1870 e 1880 houve senadores que recusaram o convite de integrar o Conselho de Estado, o que já mostrava o descrédito do Colegiado, sempre muito criticado pelos liberais.

Os homens que compuseram o Conselho de Estado eram, na sua grande maioria, senadores. O Imperador os consultava sobre os mais diversos assuntos como a questão religiosa, reforma eleitoral, questão de limites e a crise política, entre outros. Mesmo sem a obrigação de acatar as opiniões dos conselheiros, o Imperador costumava tomar decisões baseando-se no parecer da maioria.

O Poder Moderador dominava o Legislativo, o Executivo e o Judiciário, como já foi dito. Sua importância estava na forma como ele alterava o funcionamento geral das instituições políticas da Monarquia.

A Constituição de 1824

A Constituição de 1824 estabelecia quatro poderes: Executivo, Legislativo, Judiciário e Moderador. Este último inexistia em outras Constituições. Foi idéia de Benjamin Constant, publicista francês e um dos teóricos do Movimento da Restauração.

Com sua criação pretendia harmonizar ou neutralizar a força dos demais poderes, daí denominá-lo Poder Neutro ou Real, pois deveria caber exclusivamente ao Monarca.

Pela Constituição do Império, ele devia ser a chave de toda a organização política e zelar pela manutenção, equilíbrio e harmonia dos demais. Sua esfera de ação era ampla, envolvendo-se diretamente nos outros.

A interferência no Executivo ocorria através do direito de nomear e demitir Ministros de Estado e de suspender ou aprovar resoluções dos Conselhos Provinciais. A participação junto ao Legislativo se dava pela escolha de senadores em listas tríplices, pela convocação da Assembléia geral extraordinária e pela dissolução da Câmara dos deputados. A intervenção junto ao Judiciário manifestava-se no direito de suspensão de magistrados, comutação de penas, perdão e anistia geral. O Poder Moderador, portanto, tornava legais atos que sem ele seriam considerados prepotentes, arbitrários. Juntamente com o Executivo, o Moderador favorecia o caráter centralizador do Império.

Diante desse poder, liberais e conservadores tomaram posições bem opostas. Os conservadores, dando respaldo ao texto constitucional, argumentavam que o Moderador era um poder sobre o qual ninguém podia ser chamado a responder. Pertencia ao Imperador e este não precisava dar satisfação de seus atos.

Os liberais defendiam a idéia de que os Ministros tinham responsabilidade pelos atos da Coroa, já que aconselhavam o Monarca e participavam do poder. Portanto, a tese liberal protegia o Trono, já que apontava a co-responsabilidade dos Ministros. A argumentação conservadora enfraquecia o Monarca, tornando-o susceptível de críticas.

Na Inglaterra dizia-se que "O Rei reina, mas não governa", aqui, comentava-se, "O rei reina, governa e administra".

O poder Executivo era formado pelo Gabinete e nas províncias pela Presidência de Província.

O cargo de Presidente do Conselho foi criado, em 1847, sendo o Presidente um cargo compatível com o de primeiro-ministro dos países europeus. Ele era escolhido pela vontade Imperial dentre os senadores, que eram vitalícios. O Presidente escolhia com auxiliares de seu partido, naturalmente em comum acordo com o Imperador, os colaboradores que participariam do Gabinete. Diferentemente de outros países, onde o nome do Ministro vinha da Câmara dos Deputados, no Brasil a escolha se fazia no Senado e não por indicação da Assembléia.

O Presidente do Conselho também escolhia os nomes que deviam ocupar as presidências de Província, nomeados geralmente por dois anos. Essa circulação entre diferentes províncias era uma escola de aprendizagem política, pois tinham seus presidentes conhecimento dos mais variados problemas regionais.

O Executivo controlava os nomes mais importantes da província e que tinham a seu serviço: delegados, subdelegados, inspetores de quarteirões, carcereiros e o pessoal subalterno da administração provincial. Havia, no Segundo Reinado (1840 a 1889), sob a fiscalização do Imperador, uma forte centralização e burocratização do Império.

O Governo e o partido no poder controlavam o processo eleitoral, fazendo uso da Guarda Nacional ou convocando os opositores para o recrutamento.

Nas províncias era freqüente o conflito entre o Presidente de Província, representando o poder central, e as assembléias provinciais, simbolizando as oligarquias regionais.

Os partidos Liberal e Conservador alternaram-se no poder. Geralmente o partido dominante tinha maioria na

Câmara dos deputados, e os presidentes de Província eram afiliados. Somente o Senado e o Conselho de Estado tinham equilíbrio partidário e, interessante, eram os órgãos de escolha imperial. Nesse sentido, o Senado representou maior garantia de imparcialidade já que a Câmara dos deputados era muito dependente do governo.

O Judiciário sofria também essa dominação de um partido, pois juízes podiam ser destituídos do cargo e mandados para locais distantes e quase inacessíveis. Por isso, o grande clamor contra as Câmaras unânimes lançado pelos liberais, embora estes quando ocupavam o poder agissem da mesma forma que os conservadores.

Um senador de destaque no Império, Zacarias de Góes e Vasconcelos dizia: "Não há resistência à vontade do Executivo, a vontade do poder é uma tempestade contra a qual não há abrigo algum". Sobre isso, Nabuco de Araújo, afirmou que "o Imperador chama a quem quer para presidir o Ministério, este faz a eleição, porque necessariamente há de fazê-la, esta faz a Câmara que obedece ao Ministério, o qual obedece ao Imperador. Eis o sistema representativo entre nós".

Frente a esta situação política, os partidos Liberal e Conservador tinham na prática plataformas diferentes. O Liberal possuía projetos reformistas mais amplos, defendendo a extinção do poder Moderador, o Senado eletivo e temporário, a eleição bienal para a Câmara, a Assembléia Legislativa provincial com funcionamento em duas Câmaras e a Monarquia federativa. Nesta última proposta, Joaquim Nabuco teve desempenho importante.

O Partido Conservador queria a descentralização política e o fortalecimento do Poder Moderador, do Conselho de Estado e do Senado Vitalício. Em 1870 surgiu novo partido no cenário, o Republicano, mas ele não alterou o funcionamento das instituições do Império; houve inclusive, signatário do manifesto republicano que se tornou Ministro e Presidente do Conselho.

A partir de 1870, iniciou-se lentamente o processo de desintegração da Monarquia, que foi sendo abalada por várias crises. A vitória na guerra contra o Paraguai deu aos militares o prestígio que eles precisavam para reivindicar melhorias na carreira e espaço na vida política, tornando-os uma força de oposição à Monarquia.

Os fazendeiros do Vale do Paraíba posicionaram-se contra o Império quando se aboliu o trabalho escravo sem o compromisso de indenização.

Por fim, os grupos médios urbanos (profissionais liberais, professores, comerciantes...), também mostraram-se desejosos de mudanças. Percebendo sua importância no novo cenário, essa classe exigia uma mobilidade política que a Monarquia não tinha; desenhava-se, então, mais um forte apoio à República.

Nesse contexto, muitos foram os oportunistas. Personagens que sempre se apresentaram como fidelíssimos ao Imperador tornaram-se republicanos de um momento para outro, normalmente em troca de alguma benesse.

Numa análise da ação política de Nabuco, constata-se que ele não ascendeu a cargos públicos de projeção no Império, como o Senado, por exemplo, não obteve nenhuma pasta no Ministério e nem foi membro do Conselho de Estado, funções todas elas exercidas por seu pai, Nabuco de Araújo. O posto mais alto que ocupou foi na Câmara dos Deputados, onde foi considerado liderança imprescindível. Fora do Parlamento, nas conferências e discursos, mostrou toda a força da sua coerência.

Como monarquista foi um liberal radical, entusiasta da velha Europa, mas especialmente da Inglaterra, país que tão bem conheceu. Também nisto Nabuco se diferenciava da maioria culta de então, mais ligada à França.

Joaquim Nabuco procurou fazer do Brasil um país liberal e progressista. Foi um lutador pelo que lhe pareceu possível de realizar, como a Abolição, a reforma agrária e o federalismo monárquico. Não foi sempre vitorioso, mas esteve sempre em luta. Não alcançou algumas de suas metas prioritárias, nem mesmo que o Império sobrevivesse às crises institucionais do regime monárquico. Na República, que custou muito a aceitar, teve um papel relevante, mas por pouco tempo.

Limites do Liberalismo

No século XIX, o Brasil vivia sob uma grande influência inglesa. O Liberalismo se expandira também do Velho Mundo para o nosso país.

"Os princípios liberais importados", diz com muita propriedade a historiadora Emilia Viotti da Costa, em seu livro *Da Monarquia à República, Momentos Decisivos* "não se forjaram na luta da burguesia contra a aristocracia e a realeza, nem evoluíram, como na Europa do século XIX, em função da revolução industrial, pois esta só ocorreria no Brasil no século XX". Os limites do Liberalismo no Brasil eram definidos pela realidade nacional profundamente marcada pelo trabalho escravo e pelo latifúndio exportador, ou seja, pela conservação.

A referida historiadora observa ainda que "atrás de formulas aparentemente idênticas às do liberalismo europeu, existia aqui uma realidade histórica distinta que lhe conferia um sentido próprio" (*op. cit.*, pág. 111). Havia, no Brasil, um Liberalismo diversificado, porque não comungava das mesmas interligações européias. Em sua primeira fase, houve um Liberalismo heróico, de luta pela Independência, com os ideais dos diferentes grupos sociais se mesclando por uma causa comum.

No Brasil pós-Independência, conflitos e divergências liberais foram bem marcantes. Prova disso foram a dissolução da Assembléia Constituinte de 1823, que propunha a limitação do poder imperial, a Constituição outorgada de 1824 e os numerosos choques entre brasileiros e reinóis nas ruas das principais cidades.

No Segundo Reinado, o Liberalismo perdeu seu caráter mais revolucionário, radical e se transformou num Liberalismo mais atenuado, que conviveu com as estruturas estabelecidas, não abalando as bases elitistas. O Liberalismo, o grande paladino dos direitos humanos, teve, por exemplo, que aceitar a escravidão, a mais chocante forma de opressão de um ser humano sobre outro, justamente porque a base da sociedade imperial repousava numa estrutura agrária e a manutenção do escravo era primordial.

As grandes reformas planejadas pelos liberais foram em sua maior parte realizadas por conservadores. O gabinete conservador do Visconde do Rio Branco, o mais longo do Império, promoveu importantes reformas há muito pretendidas pelos oposicionistas: a do Judiciário, a do Recrutamento, da Guarda Nacional, a lei do Ventre Livre, todos projetos aprovados após longas discussões e apresentando propostas tímidas, que mostravam os políticos presos a um condicionamento socioeconômico do qual não conseguiam e não queriam se libertar.

Por outro lado, as reformas que os liberais conseguiram levar avante, não foram mais avançadas que as dos conservadores. Veja-se o caso da eleição direta, que estabelecia, entre outras novidades, o título de eleitor. Foi uma das poucas reformas planejadas e realizadas pelo Partido Liberal. Nem por isso foi mais ampla do que as demais.

Os parlamentares, de ambos os partidos, refletiam com freqüência um pensamento tradicionalista, sempre preocupado em não inovar muito, mais preso a um *status quo* do que a uma idéia de progresso. A idéia liberal, grandiosa, ampla, não tinha muitos frutos no país.

Havia, porém, homens de mentalidade inovadora, que pretendiam reformas mais ousadas. Sem dúvida eram poucos. Joaquim Nabuco representava muito bem esses homens que estavam na contramão da História. Veja-se a sua atuação na década de oitenta, no Brasil, quando lutou no Parlamento, na imprensa, nos auditórios, em entusiásticas conferências, no Brasil e no Exterior, em prol da sua grande causa: a Abolição. Sua ambição levou-o até uma audiência com o Papa. Nabuco mostrou-se, nessa fase, um grande liberal.

O SISTEMA ELEITORAL

A Constituição do Império estabelecia que o direito de voto cabia apenas aos homens maiores de vinte e cinco anos excluindo as mulheres, os estrangeiros não naturalizados e, naturalmente, os escravos. A eleição se fazia em dois graus, duas etapas. Na primeira "a massa dos cidadãos ativos em assembléias paroquiais elegia os eleitores de província e estes os representantes da nação". (Constituição de 1824 cap. VI, art. 9º, p 22). O voto era censitário, isto é, havia um cerceamento em função da renda anual. Durante o Império, a exigência de renda anual era de 100 mil réis por bens de raiz, indústria, comércio ou emprego para o voto nas assembléias paroquiais e para os eleitores de província exigia-se a renda de 200 mil réis anuais, na mesma qualificação de bens. Para ser eleito para a Câmara dos deputados e Senado exigia-se a renda anual de 400 e 800 mil réis.

Segundo alguns estudiosos, as exigências legais não eram tão altas, haja vista que costureiras, pedreiros, serventes poderiam conseguir o total de 400 ou 600 mil réis anuais de renda através de emprego. (Mircea Buescu, *Métodos Quantitativos em História*, pág. 14).

Algumas reformas eleitorais foram feitas no Império: em 1855, a lei dos Círculos estabelecia que se votava em círculos de um só deputado e instituiu-se o princípio das incompatibilidades. Por esse projeto eram eleitores, mas não elegíveis Presidentes de província, secretários, comandantes de armas, juízes. Pretendia-se com isso impedir que lideranças locais eleitas favorecessem uma tendência descentralizadora do País. Elegia-se o deputado e seu suplente. Como as leis sempre eram fraudadas, em 1860 institui-se a lei do Terço ou Representação das Minorias, que como o nome diz, queria acabar com as Câmaras unânimes, dando possibilidade à oposição de eleger seus candidatos. Ampliou-se o círculo de um para três deputados. Continuaram, porém, a ocorrer eleições com violência, fraude, o que levou a se pensar na eleição direta, pela qual muito batalhou Joaquim Nabuco. Foi finalmente instituída, em 1881, mas continuava a ser censitária e elitista, apesar de ter sido uma das únicas reformas realizadas pelos liberais e que era seu projeto de longa data. Estabelecia o voto direto, o título de eleitor, o alargamento de votos aos estrangeiros naturalizados, acatólicos (não pertencentes à Igreja Católica) e libertos e instituía o direito de voto ao cidadão com renda maior que 200 mil réis.

A eleição direta só alistou 150.000 eleitores com o comparecimento de 96.411 numa população de 12.000.000. (Raimundo Faoro, *Os Donos do Poder*, vol. I, pág. 375). Mas a reforma não resolveu todos os problemas. Em 1882, uma Comissão mista reuniu-se para examinar alguns inconvenientes da lei, surgindo, em 1883, nova alteração da lei. Não havia mais no Império condições para outra reforma mais ampla.

As arbitrariedades persistiam e com elas a compra de votos, a perseguição aos votantes e o voto por cabresto, em que os patrões obrigavam os empregados a votar nos nomes indicados por eles.

No Império o processo eletivo freqüentemente levou a eleições viciadas, corrompidas, com o partido no poder manipulando eleitores e usando contra os adversários, os recursos do recrutamento e a mobilização da guarda nacional.

Joaquim Nabuco narrou um episódio quando fazia sua campanha eleitoral, em 1889, pouco antes do final do Império. Foi procurado por um operário que queria votar nele, mas havia recebido uma cédula marcada e se ela não aparecesse na urna, ele estaria desempregado. Nabuco retrucou: "Não arrisque essa gentinha (filhos) que está me olhando, há de vir o tempo que o senhor poderá votar em mim livremente, até lá é como se o tivesse feito". (Joaquim Nabuco, *Minha Formação*, pág. 117).

Em carta a uma amigo, disse: "Fui e sou monarquista, mas essa é uma característica secundária para mim, acidental: a caracterização verdadeira, tônica, foi outra: liberal" (*A Vida de Joaquim Nabuco*, pág. 320).

O entusiasmo pelo Liberalismo está presente em muitas de suas declarações, algumas já citadas, mas cabe aqui lembrar uma delas, feita na Câmara dos Deputados, em 1879: "Senhores, eu devo dizer que vejo uma situação liberal, um partido liberal, homens liberais, mas não vejo idéias liberais (...) o que faz um povo livre é somente a aspiração pela liberdade, é o instinto, o sentimento que faz com que ele se esforce e tudo sacrifique por adquiri-la e conquistá-la".

A vontade de reformas mais profundas fica evidente quando faz a defesa das eleições diretas: "Entretanto esses homens liberais, que tinham manifestado as suas idéias na tribuna e na imprensa, não acharam para propor à mocidade brilhante desta câmara, para propor às aspirações de todos nós, senão uma reforma conservadora, uma reforma censitária, uma reforma que nós não podemos aceitar sem renegar todos os nossos princípios". (*Anais da Câmara dos Deputados*, pág. 765). Ele queria a eleição direta e o sufrágio universal, que considerava "o grande ímã da democracia moderna e aspiração de todos nós", a "conquista do nosso século" e que estava à altura das "aspirações dos liberais" (Idem).

No mesmo discurso empolgado, diz ainda: "A bandeira liberal, senhores, tem tido na história grandes transformações, encontrado imensas dificuldades, mas ela é ainda a mesma bandeira que Péricles arvorou no Phênyx, a mesma que os Gracos levantaram no Fórum; é a bandeira da "Reforma", é a bandeira do Edito de Nantes, é a bandeira dos Direitos do Homem". Nabuco não via nenhuma incompatibilidade entre o pensamento liberal e o sentimento aristocrático da vida. Assim, diz textualmente: "O Liberalismo, mesmo radical, não é só compatível com a Monarquia, mas até parece aliar-se com o pensamento aristocrático. Se fosse preciso personificar o liberalismo, poder-se-ia chamar Lafayette o principal representante dos *gentils hommes liberaux* de 1789" (Joaquim Nabuco, *Minha Formação*, pág. 43). As idéias mais avançadas, das quais Nabuco foi o paladino, tiveram sempre muitos embaraços para serem aceitas no Brasil. Um exemplo disso foi a Abolição.

Nesse sentido, a lei Áurea de 1888 foi um rompimento com a tendência de moderação das reformas do país, apesar dela vir sendo preparada ao longo do tempo. Pelo seu caráter radical foi o fator de rompimento da classe latifundiária com o Trono.

Nabuco, na sua brilhante década de oitenta, sempre esteve na vanguarda do progresso.

Ainda nos anos oitenta, Joaquim Nabuco manifestou seu interesse pela lei agrária, que nada mais era senão uma Reforma Agrária. Os ricos pagariam um imposto territorial pelas terras não cultivadas, o que ensejaria aos pobres o direito de terem uma pequena propriedade para cultivo do solo. Ele queria dar direitos ao trabalhador pobre que vivia em área rural. Queria a "democratização do solo". Era uma plataforma ousada para um jovem, filho da aristocracia de Pernambuco. De certa forma, ele antecipou problemas que seriam discutidos e analisados décadas mais tarde.

O seu pensamento era então bastante avançado, outras vezes muito equilibrado, como foi sua manifestação contrária à vinda de imigrantes chineses. Contra a mongolização do país, argumentou que essa vinda seria nova calamidade a acrescentar à escravidão. O mais recomendável era extinguir o escravo doméstico, "tornando a escravidão numa espécie de colonato, vinculando o escravo atual ao solo, tornando-o meramente um servo da gleba, durante a transição que seria curta, abrindo um futuro na lavoura à raça que tem sido nela empregada como escrava, dando-lhe um interesse no solo, uma pátria no país" (*A Vida de Joaquim Nabuco*, pág. 72). No seu ponto de vista, seria melhor a utilização da mão-de-obra já existente do que a entrada de asiáticos, o que representaria de certa forma a renovação da escravatura, só que agora amarela. Defendendo a situação do cativo e procurando dar-lhe uma oportunidade de trabalho após a Abolição, Joaquim Nabuco tornava uma posição coerente e equilibrada contra a vinda dos chineses.

A estrutura agroexportadora emperrava o avanço de idéias liberais; mas, paradoxalmente, as exportações enriqueceram a região sudeste do Brasil. A segunda metade do século XIX assinalou o momento de maior transformação econômica da história brasileira. O país entrou num período de franca prosperidade, resultado da liberação de capitais, antes utilizados no tráfico.

Nas cidades, a concentração de capitais trazia o crescimento de ferrovias, empresas de navegação a vapor, estradas e melhoramentos urbanos. Desenvolveu-se a indústria, o comércio e os bancos, financiados também pelos bens originários da propriedade rural. Foi criada ainda uma importante rede telegráfica articulando as capitais e as cidades mais importantes do país, além dos cabos submarinos que ligavam o Brasil a diferentes partes da Europa e América.

Havia um primórdio de industrialização, atingindo especialmente a área têxtil.

De 1865 a 1870 o Brasil esteve às voltas com a guerra do Paraguai. Foi um período crítico, com gastos grandes, empréstimos estrangeiros para as despesas do conflito, emissão de papel moeda; mas, apesar disso o progresso material retomou o seu curso. Multiplicaram-se os bancos, as empresas financeiras e os negócios de bolsa. Muitos dos melhoramentos urbanos contaram com capital europeu, especialmente inglês.

Formavam-se assim, em algumas áreas, especialmente urbanas, grupos de classe média progressista interessados em transformações. Ao lado da velha estrutura agrária, surgia uma mentalidade urbana, mais moderna, que reivindicava reformas que alguns setores políticos acreditavam que a Monarquia não pudesse promover. Foi nesse contexto que surgiu o Partido Republicano que chegou a contar entre seus membros com correligionários liberais desapontados com o nível modesto das mudanças que estavam ocorrendo.

A conjugação desse fatores permite-nos uma conclusão segura: a República instalou-se como resultado de um acordo político, sem rupturas traumáticas ou planos de transformações mais estruturais.

REFLEXÃO E DEBATE

1. Faça uma comparação entre a Revolução Industrial Inglesa e a Revolução Francesa.
2. Compare o Brasil rural e urbano na segunda metade do século XIX.
3. Estabeleça um debate sobre o Liberalismo no século XIX no Brasil.
4. Discuta os pontos mais relevantes da atuação de Joaquim Nabuco no Império e República.

Temas

"Nós abolicionistas que lutamos desde o princípio pela abolição, que perdemos? Nada. Ganhamos tudo. Ganhamos antes de tudo o que há de mais precioso na vida, o motivo de viver, vivendi causa, como disse Lucrécio. Enchemos dez anos, dia por dia, com o mesmo pensamento que se levantava cada manhã sobre nossas almas com a regularidade do sol, iluminando-as, vivificando-as. Vivemos dez anos num sonho de pátria emancipada, dez anos de esperanças coroadas por uma realidade que excedeu todas as mais belas previsões."

Joaquim Nabuco, *Jornal do Comércio,* 24/08/1888

NABUCO E O ABOLICIONISMO

O tema Abolição foi o que mais absorveu Joaquim Nabuco em toda sua vida e o que mais o preocupou durante a década de oitenta, considerada sua década de ouro. Por isso, este capítulo é mais extenso que os outros e o fato se prende à grande significação do assunto para o autor.

O Abolicionismo foi definido por Joaquim Nabuco na obra de igual nome, publicada em 1883, como "uma concepção nova em nossa história política, um conceito amplo" (*O Abolicionismo,* pág. 5). Aplicava-se não à supressão do tráfico negreiro, como ocorreu em 1850; não à libertação do berço surgida em 1871; mas à supressão da escravidão como um todo. A idéia ia além da emancipação total dos escravos e do resgate dos ingênuos, mantidos sob servidão pela lei de 28 de setembro de 1871. Implicava numa emancipação total que tinha como missão destruir toda obra da escravidão, apagar no seu dizer "todos os efeitos de um regime que há três séculos, é uma escola de desmoralização e inércia de servilismo e de irresponsabilidade" (*op. cit.*, pág. 5)

Sua idéia de Abolição, porém, não nasceu desta forma radical; sofreu um processo de transformação desde que a presença da escravidão e do seu sofrimento chegou até ele pela primeira vez.

Essa lembrança teve origem no engenho Massangana, onde viveu a infância junto à madrinha dedicada, carinhosa e muito humana no tratamento com os cativos.

Recordava-se de uma imagem forte da infância, quando um escravo foragido, temendo o castigo do senhor após a captura, ajoelhou-se a seus pés, menino de oito anos, suplicando que o comprasse. Foi esse episódio, relata em *Minha Formação*, "o traço inesperado que me descobriu a natureza da instituição com a qual convivera até então sem suspeitar a dor que ela ocultava" (pág. 184). "Eu trazia da infância" diz também no livro, "o interesse pelo escravo." E foi esse interesse que o motivou ao longo dos anos.

Em São Paulo, sentia-se irmanado ao poeta Castro Alves, quando este descrevia os horrores do tráfico em "O Navio Negreiro":

> "Auri-Verde pendão da minha terra
> Que a brisa do Brasil beija e balança
> ....
> Antes te houvessem roto na batalha
> Que servires a um povo de mortalha".

Exprimindo o mesmo sentimento de ódio ao tráfico, Nabuco diz em *O Abolicionismo*: "Todos nós fazemos votos para que, se alguma outra vez em nossa história, aterrando o governo, prostituindo a justiça, corrompendo as autoridades e amordaçando o parlamento, algum outro poder, irresistível como foi o tráfico, se senhorear da nossa bandeira e subjugar as nossas leis, para infligir um longo e atroz martírio nas mesmas condições a um povo de outro continente ou de outro país, essa pirataria não dure senão o tempo de ser esmagada, com todos os seus cúmplices, por qualquer nação que o possa fazer" (pág. 97).

Castro Alves falava numa bandeira dilacerada em batalha, Nabuco num país esmagado até por uma potência estrangeira; em ambos, o mesmo sentimento de luta pela dignidade, pela honra no que ela tem de mais profundo, transcendendo limites políticos nacionais.

O processo abolicionista

Nabuco já tinha esse fervor abolicionista ao chegar a Recife, após sua segunda viagem à Europa.

Para a sociedade local devia ser estranho que o filho de um político de renome, criado num engenho, ousasse romper com a visão política de uma aristocracia escravocrata, especialmente em Pernambuco.

Quando começou a atuar na Câmara dos Deputados já estava convencido de que seu campo de ação seria o escravo e a Abolição.

Nessa época, 1879, o Brasil passava por um longo período de estagnação da luta pela liberdade do cativo, o que já ocorrera após a lei Eusébio de Queiroz, em 1850, e após a lei de 1871, que deu liberdade aos nascituros.

Desses momentos pró-libertação não participara Joaquim Nabuco, que em 1871 era ainda estudante de vinte e dois anos. Sabia das deficiências dessa lei; todavia, sempre teve para com o Gabinete Rio Branco especial deferência.

Em pinceladas muito precisas, Nabuco descreveu em *Um Estadista do Império* (vol. III, págs. 182-184) a figura marcante do Visconde do Rio Branco, Presidente do Conselho responsável pela aprovação da lei que tornava livre os filhos da mulher escrava. Diz ele: "Em sete de março de 1871, o Visconde do Rio Branco organiza o seu gabinete chamando para o seu lado, exceto Sayão Lobato (depois Visconde de Niterói,), que era um veterano conservador, homens novos que tinham que fazer no Ministério as suas provas políticas. O que distinguia o Gabinete era a homogeneidade". Diante de Rio Branco todos os outros Presidentes do Conselho que o sucederam ou antecederam foram "diletantes; só ele foi o profissional". Ele era em tudo o *"juste milieu"*. Foi o que "mereceu em grau mais elevado a confiança do Imperador, o que lhe pareceu reunir maior soma de qualidades para o governo, e a verdade é que as reunia, relativamente à época . Por outras palavras foi a mais lúcida consciência monárquica que teve o Reinado".

Apesar do elogio a Rio Branco, Joaquim Nabuco tinha conhecimento das deficiências da lei de 1871, do crime de manter os ingênuos ao lado dos escravos e da facilidade com que a lei foi burlada. Admirava, porém, o fato de haver, enfim, uma lei que impedia no Brasil a procriação de cativos.

A 8 de outubro de 1879, na Câmara, discursou dizendo que "a lei de 1871 será perante a história a glória deste reinado, mas não é tão grande por ter declarado o Ventre Livre, mas por ter reduzido a Instituição Escravocrata de um 'monumento', antes impossível de se tocar com mãos sacrílegas, quando a escravidão era inviolável sagrada a um simples fato que passou a pertencer ao passado" e que devia ter 'um fim inevitável'" (*Anais da Câmara dos Deputados*, pág. 307).

Tinha convicção de que era preciso retomar a caminhada pela Abolição, ir além da lei de 28 de setembro. Assim diz na Câmara falando sobre a emancipação: "Eu me separaria não só do gabinete, não só do Partido Liberal, não só da opinião pública e da conspiração geral do país, mas de tudo e de todos. Neste ponto faço uma aliança com o futuro. Cada ano será uma vitória das nossas idéias e daqui a dez anos a sessão de hoje há de aparecer como um desses exemplos históricos das divisões, dos temores e receios dos homens que recuam sempre diante das grandes medidas salvadoras, que transformam a face do país" (op. cit., pág. 440).

Ao longo da década de 80, o tema da Abolição foi amplamente discutido por Nabuco na Câmara dos Deputados, em conferências em Recife, e no livro *O Abolicionismo*.

No Parlamento, em 1880, a propaganda estava seriamente contida. Embora a escravidão já estivesse condenada pela opinião pública, o abolicionismo não caminhava, não havia desenvolvimento do processo emancipador. Haja vista o texto de Nabuco em *O Abolicionismo*, "A causa já está vencida" em que ele mostra que a Abolição é vitoriosa em vários segmentos da sociedade, mas não perante aqueles que efetivamente poderiam influir. "Sim, está ganha perante a opinião pública dispersa, apática, intangível, e não perante o parlamento e o governo, órgãos concretos da opinião; perante a religião, não perante a Igreja, nem no sentido de comunhão dos fiéis, nem do sacerdócio constituído; perante a ciência, não perante os corpos científicos, os professores, os homens que representam a ciência; perante a justiça e o direito, não perante a.lei que é a sua expressão, nem perante os magistrados, administradores da lei, (...) perante os partidos, não perante os ministros, os deputados, os senadores, os presidentes de província, (...) perante o Imperador, como particular, não perante o chefe de Estado." (*O Abolicionismo*, pág. 41).

Faltava também uma maior participação da imprensa que começou a aparecer com José do Patrocínio na *Gazeta da Tarde* e Joaquim Serra em vários jornais de destaque.

Do movimento abolicionista participavam negros como Luís Gama e André Rebouças, este último engenheiro de destaque, que durante dez anos trabalhou junto a Nabuco em verdadeira sintonia.

O grupo abolicionista a que pertenciam Nabuco, Rebouças e Serra, era mais intelectualizado, suas idéias circulavam em jornais como a *Gazeta da Tarde*, *Gazeta de Notícias* e na *Revista Ilustrada*.

Nabuco publicou cartas do ministro inglês Hilliard que antes de diplomata fora senhor de escravos e que agora mencionava, como particular, as vantagens da emancipação.

As manifestações abolicionistas através da imprensa eram importantes, pois rompiam o silêncio do Parlamento sobre o assunto.

Na Câmara, Joaquim Nabuco fez questão de reavivar o debate. Apresentou um projeto que tinha por fim a extinção do elemento servil. Mas, naturalmente, não teve sucesso.

Houve, porém, medidas importantes tomadas nas Assembléias Provinciais de São Paulo, Minas Gerais e Rio de Janeiro, que suspendiam a entrada de escravos em suas províncias. Também no Senado foi aprovado o aumento do fundo de emancipação e elegibilidade dos libertos, o que era uma vitória abolicionista.

O fundo de emancipação foi instituído pela lei de 28/09/1871, mantido por contribuições de várias procedências. Visava a alforria de cativos adultos, mas conseguiu resultados muito pequenos, cerca de 1.000 libertos por ano.

Mas a luta era difícil. A resistência grande. No final do ano, Nabuco viajou para Europa e em carta a Adolfo de Barros, vice-presidente da Sociedade Brasileira contra Escravidão, diz: "Os nossos adversários não querem nada. Eles rejeitam tudo o que possa diminuir de um dia a escravidão". (*A Vida de Joaquim Nabuco*, pág. 107).

Fora do Brasil, Nabuco procurou contato com sociedades abolicionistas na Espanha, em Portugal, na França e na Inglaterra. Em Londres foi recebido com aplausos na *Anti-Slavery Society*.

Sua participação junto a essas instituições fez com que surgisse no Brasil algumas manifestações na imprensa, acusando-o de estar prejudicando a imagem do Brasil no exterior, o que ele depois rebateu em artigo.

Mas Nabuco estava com seu mandato expirando na Câmara.

O Partido Liberal de Pernambuco, que o elegera em 1878, não o conseguiria em 1881.

Verificando essa impossibilidade de eleger-se, Nabuco apresentou-se aos eleitores do primeiro distrito da Corte, mas sem sucesso.

A idéia abolicionista não tinha chegado ao âmago do Partido Liberal, como disse depois o próprio Nabuco. Ele apresentava-se, portanto, só com o apoio dos que defendiam a Abolição.

Deixara a atividade diplomática no exterior pela ação política interna. Mas não teve sufragado seu nome na eleição.

Das 21 legislaturas do Império, diz Carolina Nabuco no livro sobre o pai, era a primeira vez que não figurava o nome dos Nabuco de Araújo, representados no Parlamento desde a Independência até a República.

Criticando a ausência de Nabuco, o deputado Antônio Pinto disse na sessão de 12 de setembro de 1882, na Câmara dos Deputados, que ao Partido Liberal cabia elegê-lo por qualquer província: "As minhas palavras", denuncia ele, "são contra o Partido Liberal que sacrificou, que condenou ao ostracismo uma das mais belas esperanças, um dos mais ricos ornamentos da representação nacional" (*op. cit.*, pág. 120)

O *Jornal do Comércio* convidou-o para ser seu representante em Londres. Ele aceitou e em carta a Penedo explicou que pela posição que tomara a respeito da emancipação não poderia aceitar emprego público sem perder sua liberdade de ação. Esteve por dois anos no exterior, 1882 e 1883.

Nesses anos ocorreu a descentralização do movimento abolicionista nas províncias, onde foram aparecendo novas lideranças.

Posteriormente, em conferência no Teatro Santa Isabel, de Recife, disse: "Os que me atacam por ter partido, fazem-me a honra de considerar uma força em política. De outro lado a acusação não teria procedência". O que queriam, a seu ver, era que essa força se destruísse a si mesma. Depois da derrota: "Convenci-me de que o melhor meio de manter isso que eles chamam força era retirar-me por algum tempo do país". (*op. cit.*, pág. 123) Declarou não se considerar chefe do partido abolicionista, mas tivera a sorte de ao falar ao Parlamento, chamar a atenção do país para o mais sério de seus males.

No tempo em que esteve ausente não perdeu de vista a questão abolicionista, denunciando, inclusive, a venda de ingênuos em praça pública e conseguindo pôr termo a esse mal.

Em um dos capítulos de *O Abolicionismo*, intitulado "O mandato da Raça Negra" – um dos textos freqüentemente comentado pelos especialistas em Nabuco –, faz uma glorificação do negro, mostrando como o Brasil tudo devia ao escravo. Ao aspecto prático de sua luta, aliava-se uma visão sentimental, que aliás estava presente em todo o seu abolicionismo.

Nabuco mostrou que a grande maioria da população nacional descendia de escravos, e que a raça negra criou "um povo": "A parte da população nacional que descende de escravos, é pelo menos, tão numerosa como a parte que descende exclusivamente de senhores; a raça negra nos deu um povo. Em segundo lugar, o que existe até hoje sobre o vasto território que se chama Brasil foi levantado ou cultivado por aquela raça; ela construiu o nosso país. Há trezentos anos que o africano tem sido o principal instrumento da ocupação e da manutenção do nosso território pelo Europeu, e que os seus descendentes se misturam com o nosso povo. Onde ele não chegou ainda, o país apresenta o aspecto com que surpreendeu os seus primeiros descobridores. Tudo o que significa luta do homem com a natureza, conquista do solo para habitação e cultura, estradas e edifícios, canaviais e cafezais, a casa do senhor e a senzala do escravo, igrejas e escolas, alfândegas e correios, telégrafos e caminhos de ferro, academias e hospitais, tudo absolutamente tudo que existe no pais como resultado do trabalho manual, como emprego de capital, como acumulação de riqueza, não passa de uma doação gratuita da raça que trabalha a que faz trabalhar" (*op. cit.*, pág. 23 e 24). Discorrendo sobre a importância da emancipação, declarou: "Aceitamos esse mandato (da raça negra) como homens políticos, por motivos políticos e assim representamos os escravos e ingênuos na qualidade de Brasileiros que julgam o seu título de cidadão diminuído enquanto houver Brasileiros escravos, isto é, no interesse de todo o país e no nosso próprio interesse" (*op. cit.*, pág. 23).

O tempo passava, e a propaganda abolicionista ampliava-se.

Em 1884, cogitavam-se das próximas eleições. E o Partido Liberal agora sentia a falta de Joaquim Nabuco no Parlamento e acreditava ter força para reelegê-lo.

Ele evoluía em sua visão abolicionista, que será analisada mais adiante. Expandia-se a Confederação Abolicionista, fundada em 1883, e o Abolicionismo tornava-se popular. Havia promoções de festas de liberdade, discursos, entrega solene de alforrias. Preparavam-se esconderijos para fugas de escravo e a imprensa fomentava a propaganda.

A mentalidade aristocrática de Nabuco não aceitava a ação política de José do Patrocínio, mas ambos lutavam na mesma direção, em sintonia com o mesmo ideal. Só que Nabuco agia como um moderado, na medida em que toda sua argumentação tinha um limite, a legalidade, pretendendo o processo abolicionista dentro do Parlamento, aprovado pelo Legislativo e referendado pelo Executivo.

O ano de 1884 marcou a conversão do Partido Liberal ao Abolicionismo.

Após cinco ministérios escravistas, ainda houve a consulta prévia a três chefes, até que chegou Dantas à Presidência do Conselho, encarregado pelo Imperador de levar adiante o processo de Abolição.

Dantas apresentou, em junho de 1884, o seu programa de governo, no qual destacava-se, ao lado do problema financeiro, a questão do elemento servil com o plano de nela "nem retroceder, nem parar, nem precipitar".

Fora do Parlamento, Nabuco apoiou enfaticamente o gabinete Dantas, que trazia como proposta a discussão da propriedade servil, ampliação do fundo de emancipação e libertação dos escravos que tinham atingido sessenta anos. Apesar da proposta modesta, até muito criticável de se cogitar da Abolição só nessa idade, Nabuco defendeu o Ministério, pois ele trazia à tona para discussão parlamentar uma idéia esquecida por longo tempo, praticamente abandonada desde 1871. "A revolução estava no Homem, não na proposta", disse Nabuco, no artigo Içando a Bandeira (*O País*, 3 de junho de 1885).

Nabuco comentou no artigo A Crise Atual sobre o Nosso Ponto de Vista que o Gabinete Dantas representava a conversão do Partido Liberal aos princípios nacionais pregados pelos abolicionistas (*Jornal do Comércio*, 25 de abril de 1885).

Quando Nabuco, que preparava a campanha eleitoral, fez-se defensor do projeto Dantas e escrevia no *Jornal do Comércio* sob o pseudônimo de Garrison (nome de uma sociedade anti-escravista norte-americana), da mesma forma que Rui Barbosa e outros o faziam. O redator do jornal Gusmão Lobo assinava como Clarkson; Rui Barbosa era um certo Grey. Eram chamados os "Ingleses do Sr. Dantas".

Os conservadores escravocratas manifestavam seu descontentamento contra o governo. Entre eles destacavam-se Martinho Campos e Andrade Figueira.

A 15 de julho era apresentado um projeto de Abolição por Rodolfo Dantas, filho do Presidente do Conselho. Este exprimia o pensamento do Governo, mas não era apresentado por ele, pois criava imposto, o que não era permitido. Vinha assinado por 29 deputados, trazia as medidas anunciadas no programa do governo e apresentava obrigação de matrícula de todos os escravos do país.

No mesmo dia foi publicado um artigo de autoria de Garrison (Nabuco), "A Ressurreição do Partido Liberal", comentando a proposta.

O Parlamento recebeu o projeto com má vontade, pois temia-se o prejuízo da lavoura.

Nabuco continuou manifestando-se pela imprensa, mostrando que a qualquer momento, sob pressão escravista, o Gabinete poderia cair. O fato de nada ter ainda ocorrido devia-se, a seu ver, a uma "homenagem à civilização e ao Direito". Era a força do Direito em contraposição ao direito da força. Segundo ele, os escravistas não ousavam ainda "plantar nas ameias da Câmara a bandeira confederada, porque é a bandeira negra. Eles têm o pudor de uma vitória. Sabem que a ganharam num terreno em que não combatem no século XIX senão os povos bárbaros: no terreno da liberdade pessoal do homem. Eles sentem que o seu carro de triunfo seria acompanhado por mais de 100.000 escravos, velhos, inválidos arrancados à liberdade provisória que o projeto liberal lhes havia concedido (...) sentem que seus nomes hão de ficar escritos em letras de bronze nas páginas de nossa história, como a dos perpetuadores do cativeiro, das vitimas do tráfico (...). Adivinham que a notícia de seu triunfo, inglório, no Brasil repercutirá na América do Sul, como prova de nosso atraso, como a sentença que, por desânimo, por pusilanimidade ou covardia nacional, lavramos contra nós mesmos, de que sem a escravidão somos uma nação morta". Falou ainda da luta que, em 1871, se travou em torno dos berços e que agora ocorria ao redor dos túmulos. ("A Batalha em torno dos Túmulos", *Campanhas de Imprensa*, pág. 40).

A idéia de o escravo morrer livre aos sessenta anos não foi aprovada. A Câmara apresentou uma moção de desconfiança ao Gabinete (15 de julho de 1884). O Imperador preferiu dissolver a Câmara a prejudicar a proposta de Abolição.

O Abolicionismo ganhava, porém, terreno nas províncias, nos municípios, nos quarteirões. O Ceará e o Amazonas haviam libertado seus escravos; o município neutro, celebrava a emancipação em seu primeiro quarteirão – a rua Uruguaiana; em São Paulo, ocorria o mesmo no largo São Francisco. No Rio Grande do Sul, o município de Porto Alegre tomava a mesma iniciativa. Os abolicionistas triunfavam. Em tais casos, como se viu, a Abolição era declarada para uma rua, um quarteirão, um bairro, porque os que lá moravam ou trabalhavam assim desejavam e a imprensa abolicionista tratava logo da divulgação do fato.

Na campanha eleitoral de 1884, Nabuco enfrentou um período de árdua batalha, de muito entusiasmo, de muito apoio em Pernambuco, com discursos e conferências em Recife. Em seus pronunciamentos na importante campanha de Recife, falou aos artistas, comerciantes, ao bairro da riqueza, da pobreza, para cada um mostrando o quanto a escravidão era perniciosa e aviltava a nação brasileira. A campanha, diz sua filha, guardou uma imagem lendária de glória e inteligência.

Em seus discursos, dizia também que não fazia a cabala, não fazia o debate no terreno pessoal, mas no campo das idéias.

Imponente foi sua fala aos pernambucanos: "Ah! Pernambuco tem um grande passado, mas parece que seus filhos não querem que ele tenha um grande futuro". Lembrou o movimento de 1817, de sonhadores e mártires, que primeiro tiveram a coragem de prometer a liberdade dos escravos. Referiu-se ao despertar de Pernambuco: "Basta de perseguição, basta de sofrimento! É a voz que sobe do solo das vossas batalhas nacionalistas, das vossas revoluções liberais, e é, escutando-a e articulando-a, que eu denuncio neste momento solene a escravidão ao povo pernambucano com todas as forças de minha alma. Sim, em nome do passado e do futuro denuncio ao povo do Recife, reunido nos seus comícios, aquela instituição que para ser condenada pela consciência humana basta ser chamada pelo seu nome de escravidão (aplausos); eu a denuncio como incursa em todos os crimes do código penal, em todos os mandamentos da lei de Deus (longos aplausos). A vós, artistas, eu a denuncio como o roubo do trabalho; a vós, sacerdotes, como o roubo da alma; a vós, capitalistas, como o roubo da propriedade; a vós, magistrados, como o roubo da lei; a vós, senhoras, como o roubo da maternidade; a vós, pais, filhos e irmãos, como o roubo da família; a vós, homens livres, como o roubo da liberdade; a vós, militares, como o roubo da honra; a vós, homens de cor, como o roubo de irmãos; a vós Brasileiros, como o roubo da pátria... Sim, a todos eu denuncio essa escravidão maldita como o fratricídio de uma raça, ou como o parricídio de uma nação". (longos e estrepitosos aplausos, durante muitos minutos o auditório aclama o orador) (*A vida de Joaquim Nabuco*, pág. 165 a 168).

Em novembro de 1884 falava quase diariamente ao público, preferindo convencer a pedir votos.

Enquanto Nabuco defendia a Abolição e fazia campanha para um lugar na Câmara dos Deputados, José do Patrocínio empreendia uma luta árdua com seus companheiros no Rio de Janeiro e Antônio Bento fazia o mesmo, em São Paulo, protegendo escravos, escondendo-os e facilitando fugas. Também José Mariano, em Pernambuco, no Clube do Cupim ("destruir sem rumo" era o seu lema) procurava salvar os escravos fugidos da ira de seus senhores, transportando-os clandestinamente para o Ceará.

A eleição em Pernambuco teve alguns incidentes, inclusive morte, que Nabuco lamentou muito porque ele deixou de lado qualquer interesse pessoal para só lutar pela Abolição: "tenho o direito de dizer que esse não devia ser o desfecho de uma campanha como a minha, feita toda diante do povo, sem nenhum meio subterrâneo, sem cabala e sem fraudes e na qual pode-se dizer que o candidato esqueceu-se no abolicionista" (*op. cit.*, pág. 172). Devido ao incidente de São José, houve um segundo escrutínio e Nabuco recebeu vitoriosa maioria.

A Câmara dos Deputados ainda estava à espera de muitos reconhecimentos, quando uma moção de desconfiança foi apresentada ao Gabinete. A Câmara recusava por maioria de 52 votos contra 50 a aprovar uma lei abolicionista sem indenização.

O Imperador chamou Saraiva para dar prosseguimento à Abolição dos sexagenários.

Na semana seguinte, a Câmara dos Deputados analisando alguns processos de reconhecimento dos títulos, recusou os de Nabuco por 51 votos contra 48.

Houve uma grita geral dos abolicionistas em Pernambuco. No dia 12 de maio fora excluído do Parlamento, onde o seu partido o julgava imprescindível. No dia 14, como houvesse uma eleição pendente no quinto distrito de Pernambuco, recebeu um telegrama anunciando a desistência do candidato Ermírio Coutinho em favor do seu nome: "Venho à imprensa declarar solenemente que tomei a resolução firme e inabalável de sacrificar minhas aspirações políticas em favor do grande pernambucano Joaquim Aurélio Nabuco de Araújo. Digo mal, não é em favor de uma individualidade, é no altar de uma causa santa, de que Joaquim Nabuco é a encarnação, que faço sacrifício de minhas aspirações, retiro-me, pois, inclinando-me respeitoso, diante do homem que conduz o sacrossanto estandarte da redenção dos cativos" (*A Vida de Joaquim Nabuco*, pág.182). Menos de um mês depois, Nabuco foi eleito brilhantemente pelo quinto distrito. Episódio singular em nossa história política, cheia de ambições e vulgaridades.

O projeto de Saraiva estendeu para 65 anos a liberdade dos escravos.

Joaquim Nabuco logo pronunciou um discurso, rejeitando o projeto "de um governo liberal, mas com o apoio de uma coligação conservadora" e que estava "aquém do que a nação espera". (*op. cit.*, pág. 185).

O projeto, todavia, foi aprovado por 73 votos contra 17 na Câmara imediatamente. Sem esperar a aprovação do mesmo no Senado, Saraiva entregou sua demissão. Isso aconteceu em 1885.

Estava, porém, feita a transição indispensável entre escravidão e abolição. Ninguém mais nascia escravo no Brasil desde 1871 e os que ultrapassassem 65 anos já não seriam mais escravos. O começo e o fim estavam livres. Mas havia ainda o compromisso com a massa dos cativos, que não poderia ser liberta só com listas de emancipação.

Derrotado nas eleições de 1886, Joaquim Nabuco continuou a campanha pela imprensa. Insistiu contra a pena de açoite, que levara à morte dois escravos condenados a trezentas chibatadas pelo juiz da Paraíba do Sul. Escreveu um artigo no jornal *O País*, em 29 de julho de 1886, lamentando a publicação da notícia no dia do aniversário da Princesa Isabel, o que a entristeceria certamente, mas era importante que ela compreendesse a missão dos abolicionistas no governo de D. Pedro II.

Em junho de 1886, Dantas apresentou um projeto de Abolição do elemento servil em cinco anos, que tinha a assinatura de apoio de outros parlamentares. Mas este não foi discutido.

Em 1887, Nabuco voltou a disputar as eleições em Recife, sempre como candidato liberal. *O País* comentava não a vitória do Sr. Nabuco, mas a glória da Província de Pernambuco "(...) a vitória da idéia abolicionista".

Da Câmara, Nabuco fez um apelo ao Exército brasileiro para que se recusasse a participar na busca de escravos fugidos.

Encerrados os debates na Câmara continuou ele a condenar as perseguições dos soldados. Foi criticado pelo ardor com que se manifestava e acrescentou: "A nova exploração é que chamei de cães de escravos ao Exército brasileiro, quando chamei de cães de escravos a todos os que se prestam a apanhar escravos fugidos, desde o Presidente do Conselho que vai à frente da matilha até o último soldado da policia". (*O País*, 19 de outubro de 1887). Pronunciamento ousado, violento e ainda assim de um aristocrata.

Com o Gabinete João Alfredo reapareceu a questão abolicionista. Tratava-se de um Gabinete conservador, mas que trazia como programa a bandeira da Abolição. Teve já desde o inicio o apoio de Nabuco.

Sabendo que o Imperador encontrava-se na Europa, em tratamento de saúde, e desejando impressionar a Princesa regente com a palavra de Leão XIII, então em ano de seu jubileu, conseguiu Nabuco uma entrevista com o Papa, publicando-a no Brasil. Nela mostrava o interesse de sua Santidade pela causa da Abolição.

O Abolicionismo caminhava triunfante.

Nabuco prestou apoio ao Gabinete João Alfredo, mesmo quando este estava sendo criticado por irregularidades administrativas. Não concorreria, afirmou "para manchar o nome que há de viver na história do Brasil quando todos os nossos já estiverem esquecidos" (*A Vida*..., pág. 239). Ele lutava pela reforma liberal como nenhum governo liberal fizera. ·

Quando a Câmara aprovou o projeto de extinção da escravidão no Brasil, Nabuco viveu um momento mágico. Pronunciou um discurso emocionado observando que: "Não houve dia igual em nossos Anais, não houve momento igual na história de nossa nacionalidade" (*O Parlamento e a Evolução Nacional,* pág. 365).

O conteúdo do pensamento abolicionista

O pensamento de Joaquim Nabuco sobre escravidão e a abolição está presente, como já se disse, em *O Abolicionismo*, em artigos da campanha de Recife, em discursos parlamentares e em vários artigos de jornal.

A idéia constante era a de que a escravidão "arruina economicamente o país, impossibilita o seu progresso material, corrompe-lhe o caráter, desmoraliza-lhe os elementos constitutivos, tira-lhe a energia e a resolução, rebaixa a política; habitua-o ao servilismo, impede a imigração, desonra o trabalho manual, retarda a aparição das indústrias, promove a bancarrota, desvia os capitais do seu curso natural, afasta as máquinas, excita o ódio entre classes, produz uma aparência ilusória de ordem, bem-estar e riqueza, a qual encobre o abismo de anarquia moral, de miséria e destruição, que do norte ao sul margeiam todo o nosso futuro. Porque a escravidão é um peso enorme que atrasa o país no seu crescimento em comparação com os outros Estados sul-americanos". (*O Abolicionismo*, pág. 113).

Mostrou em capítulo dessa obra, qual era a situação das diferentes províncias brasileiras e da atuação do escravo em cada uma delas. A presença do açúcar e do algodão no Nordeste e do café no Sul, por exemplo, fez do Brasil uma empresa comercial, com uma classe de proprietários enriquecidos e uma grande maioria de escravos. Ele via o Brasil dividido em duas classes: dos explorados e dos exploradores ou, no seu dizer: "a que trabalha e a que faz trabalhar" (*op. cit.*, pág. 21).

No capítulo: "Influências sobre o território e a população do interior", Nabuco analisou as grandes propriedades açucareiras e algodoeiras do Nordeste, que sofreram com o tempo um processo de decadência, especialmente a primeira. O luxo desordenado da vida senhorial, a compra constante de escravos, os empréstimos ocorridos levaram os senhores à ruína e miséria. Por conta de hipotecas ou dívidas, as propriedades das antigas famílias passaram para outras mãos. Daí ter ocorrido a "mais precária condição imaginável na Bahia, Maranhão, Rio de Janeiro e Pernambuco, obrigados a recolher-se ao grande asilo das fortunas da escravidão que é o funcionalismo público".

Nabuco explicou como a exploração desordenada do solo, a queimada, e a falta de cuidados agrícolas favoreceram a decadência e a miséria.

Mostrou a presença do café trazendo riqueza e poder na região Sul , mas temia que "quando passar o reinado do café, e os preços baixos já serviam de prenúncio, o Sul há de ver-se reduzido ao estado do Norte". (Idem, pág. 150). Excluía São Paulo e o extremo Sul desse quadro desolador, mas considerava Minas Gerais e o Rio de Janeiro como províncias fadadas ao insucesso. Assim dizia: "Ponhamos São Paulo e o extremo Sul de lado, e consideremos o Rio de Janeiro e Minas Gerais. Sem o café, uma e outra são duas províncias decrépitas" (...)" Com São Paulo dá-se um fato particular. Apesar de ser São Paulo o baluarte atual da escravidão, em São Paulo e nas províncias do Sul ela não causou tão grandes estragos; é certo que São Paulo empregou grande parte de seu capital na compra de escravos do Norte, mas a lavoura não depende tanto quanto a do Rio de Janeiro e a de Minas Gerais da escravidão para ser soldável. (...) No Paraná, em Santa Catarina, no Rio Grande do Sul a imigração européia infunde sangue novo nas veias do povo, reage contra a escravidão institucional, ao passo que a virgindade das terras e a suavidade do clima abrem ao trabalho livre, horizontes maiores do que teve o escravo" (*Campanha abolicionista de Recife*, pág. 285-286).

Ele mostrou como a escravidão dominou a sociedade colonial, onde apenas algumas famílias, uma oligarquia, exercia o domínio sobre o país, provocando um "abismo de degradação e miséria". Via o mesmo quadro repetir-se agora com a economia cafeeira: "A riqueza nacional como relação entre produção de café e população atinge cifra de 200 mil contos para uma nação de dez milhões de habitantes".

Em discurso da Campanha de Recife, diz que havia "o monopólio de uma classe única, uma insignificante classe produtora opulenta, uma pequena clientela mercenária e uma nação de proprietários. É tempo de cessar esse duplo escândalo de um país nas mãos de alguns proprietários, que nem cultivam suas terras, nem consentem que outros as cultivem, esterilizam e inutilizam a extensão e fertilidade de nosso território e de uma população inteira reduzida à falta de independência que temos".

"Acabar com a escravidão", afirmou, "é obra do tempo e perseverança".

O regime escravista determinou a crise do país: a agricultura prejudicada no seu conjunto, a indústria sem condições de desenvolvimento, o comércio restrito aos pequenos e poucos gêneros necessários.

O comércio local se limitava aos mascates. Não havia nada de expressivo nos municípios. Dominava o comércio importador, exportador limitado a alguns gêneros, e o retalhista. A escravidão fechava as regiões interioranas ao desenvolvimento comercial, que ficava reduzido aos grandes centros. Realmente, dizia Nabuco "a escravidão entorpe, limita e paralisa o comércio" (Idem, pág. 348-353).

Sem o trabalhador livre, a indústria não tinha possibilidade de progresso.

Ao situar o problema do comércio e indústria em São Paulo e região Sul, Nabuco encontrava outra realidade mais promissora: capitais, lucro maior, imigrante, rede ferroviária: "Quem vê os caminhos de ferro que temos construídos, a imensa produção de café que exportamos, o progresso material que temos feito, pensa que os resultados da escravidão não são assim tão funestos ao território". Mas ele advertia para essa ilusão de riqueza, do desenvolvimento nacional: "É preciso, porém, lembrar que a aparência atual de riqueza e prosperidade provém de um produto só – quando a população do país excede de dez milhões – e que a liquidação forçada desse produto seria nada menos do que uma catástrofe financeira" (*O Abolicionismo*, pág. 158).

NABUCO E A ADMINISTRAÇÃO PÚBLICA

Outra preocupação de Joaquim Nabuco era o caráter altamente tributário da nossa política econômica. A escravidão produziu como sistema financeiro "um orçamento colossal, muito superior às nossas forças e que se apóia sobre quatro pilares, cada qual mais carcomido: a apólice que nunca se amortiza, a dívida externa que se agrava com o câmbio, o papel moeda que sempre se deprecia, e um déficit colossal, crescente que nada pode encher". (*Conferências e Discursos Abolicionistas*, pág. 270-280).

Nabuco escrevia que a lavoura sustentava o Estado através das apólices, da qual os bancos eram "as ventosas para sugar o que resta à lavoura do lucro líquido". Assim, ela pagava juros, prestava serviços e fazia empréstimos incessantemente. O Estado toma "os lucros da escravidão aos que produzem para distribuí-los entre os que ela impede de produzir. Uma parte não pequena do lucro advindo do tesouro, visa a manutenção colossal do nosso orçamento: o funcionalismo público" (*O Abolicionismo*, pág. 180).

Fez uma análise do funcionalismo público, sua origem no escravismo e suas ligações com o Estado Imperial. "A fome do emprego público determina uma progressão constante do nosso orçamento, que a nação, não podendo pagar com sua renda, paga com o próprio capital necessário à sua subsistência, e que, mesmo assim, só é afinal equilibrado pelas nossas dívidas." (*op. cit.*, pág. 178).

Das classes que "a escravidão fez crescer artificialmente, a mais numerosa é a dos funcionários públicos. A estreita relação entre a escravidão e a epidemia do funcionalismo não pode ser mais contestada que a relação entre ela e a superstição do Estado-providência. Assim como nesse regime, tudo se espera do Estado, que, sendo a única associação ativa, aspira e absorve pelo imposto e pelo empréstimo todo o capital disponível e distribui-o, entre os seus clientes, pelo emprego público, sugando as economias do pobre pelo curso forçado, e tornando precária a fortuna do rico; assim também, como conseqüência, o funcionalismo é a profissão nobre e a vocação de todos. Tomem-se, ao acaso, vinte ou trinta brasileiros em qualquer lugar onde se reúna a nossa sociedade mais culta: todos eles ou foram ou são ou hão de ser, empregados públicos; se não eles, seus filhos". (Idem, pág.178).

"O funcionalismo é, como já vimos, o asilo dos descendestes de antigas famílias ricas e fidalgas, que desbarataram as fortunas realizadas pela escravidão (...) É, além disso, o viveiro político, porque abriga todos os pobres inteligentes, todos os que têm ambição e capacidade, mas não têm meios, e que são a grande maioria dos nossos homens de merecimento." (Idem, pág. 179).

Analisando uma lista dos estadistas pobres, verificava-se, segundo Nabuco que participavam de dois grupos, os que se tornaram ricos pelo casamento e clientes da escravidão, e os que acumularam cargos públicos. Diversos caminhos abriam-se ao brasileiro que começava sua trajetória, e todos conduziam ao emprego público.

Profissões liberais como a advocacia, a medicina e a engenharia também dependiam em grande parte da escravidão, pois possuem pontos de contato importantes com o funcionalismo, na medida em que aspiram cargos públicos ou negócios com o governo. "Além desses, que recolhem, por assim dizer, as migalhas do orçamento, há outros, negociantes, capitalistas, indivíduos inclassificáveis, que querem contratos, subvenções do Estado, garantias de juro, empreitadas de obras, fornecimentos públicos. A classe dos que assim vivem com os olhos voltados para a munificência do Governo é extremamente numerosa, e diretamente filha da escravidão, porque ela não consente outra carreira aos brasileiros. Assim a cifra da despesa nacional supera as nossas forças. Os empregados públicos são 'os servos da gleba do governo'." (Idem, pág.180-181)

A importância que Nabuco deu ao funcionalismo público no processo de burocratização do Império foi depois inteligentemente analisada por Raimundo Faoro em *Os Donos do Poder*.

Faoro diz em *Os Donos do Poder,* que: "O Governo tudo sabe, administra e prove", "a primeira conseqüência, a mais visível, da ordem burocrática no ápice, ser a inquieta, ardente, apaixonada caça ao emprego público. Só ele nobilita, só ele oferece o poder e a glória, só ele eleva, branqueia e decora o nome". (pág. 390 e 391).

Esse eminente ensaísta mostra que a educação recebida pelo jovem aristocrata era inútil para o desenvolvimento da agricultura, provocava desprezo pelo trabalho com a terra.

Os bacharéis buscavam de toda forma um emprego junto ao governo, formando uma aristocracia que ocupava o funcionalismo público nos diversos escalões. Com o diploma, o letrado visava conquistar um cargo, que lhe permitisse galgar a Câmara dos Deputados, o Senado Vitalício e o Ministério, subindo, assim, os vários degraus da carreira política. Para ele, assim como para Nabuco, era o escravo que sustentava essa burocracia. Conclusão: a situação do governo imperial era de dívidas, déficit constante, flutuações orçamentárias, atraso do comércio e indústria e a causa de tudo isso era a escravidão. Embora tivesse procurado limitar o tráfico e favorecido a lei de 1871, também o Imperador tinha sido involuntariamente o principal baluarte da situação do país. Nabuco não acusava Pedro II de abusar do poder pessoal; mas, denunciava que não se servia dele para grandes fins nacionais. "A acusação que faço a este déspota constitucional é de não ter resolução ou vontade de romper um parlamentarismo fraudulento como é o nosso e agir como um déspota civilizador." (*Campanhas na Imprensa*, pág. 249-255).

NABUCO E A
QUESTÃO AGRÁRIA

Outra idéia importante de Nabuco relacionada à "destruição da obra da escravidão" é a das pequenas propriedades. Ele se referiu a uma população livre, mas que nada possuía: "Nem um palmo de terra para cultivo e que é tão miserável e dependente como o escravo" (*Conferências e Discursos Abolicionistas*, pág. 285-286). Para solução desse problema havia necessidade de uma reforma ampla, uma lei de abolição, que fosse acompanhada por uma lei agrária. Ele pensava na pequena propriedade eliminando a pobreza e a miséria e obtida através do imposto territorial. Assim veja-se: "Pois bem Senhores, não há outra solução possível para o mal crônico e profundo do povo senão uma lei agrária que estabeleça a pequena propriedade, e que vos abra um futuro, a vós e a vossos filhos, pela posse e pelo cultivo da terra. Essa congestão de famílias pobres, esta extensão de miséria – porque o povo de certos bairros desta capital não vive na pobreza, vive na miséria – estes abismos de sofrimento não têm outro remédio senão organização da propriedade da pequena lavoura. É preciso que os brasileiros possam ser proprietários de terra e que o Estado os ajude a sê-lo" (*op. cit.*, pág. 286).

O que podia salvar essa população era o "cultivo da terra, é a posse da terra que o Estado deve facilitar aos que quiserem adquiri-la, por meio de um imposto – o imposto territorial. É desse imposto que nós precisamos principalmente, e não de impostos de consumo que vos condenam à fome, que recaem sobre as necessidades da vida e sobre o lar doméstico da pobreza. Ninguém está isento de contribuir para as despesas do Estado em proporção de seus haveres. O pobre carregado de filhos paga mais imposto ao Estado do que o rico sem família. É tempo de cessar esse duplo escândalo de um país nas mãos de alguns proprietários que nem cultivam suas terras, nem consentem que outros as cultivem, que esterilizam e inutilizam a extensão e a fertilidade do nosso território; e de uma população inteira reduzida à falta de independência que vemos". (Idem, pág. 285-286).

A proposta de Joaquim Nabuco visava a emancipação dos escravos e a democratização do solo, como medidas complementares: "Os ricos são uma minoria e vós, uma nação inteira. Eles representam a riqueza acumulada e vós representais o trabalho". As sociedades não vivem pela riqueza acumulada, vivem pelo trabalho. O que ele queria não era senão uma reforma agrária que permitisse certos direitos ao trabalhador pobre do campo. (Idem, pág. 285-286).

Foi nesse discurso que ele afirmou ainda: "Acabar com a escravidão, não nos basta; é preciso destruir a obra da escravidão". E em outro pronunciamento da mesma ocasião dia: "Acabar com a escravidão é obra de tempo e perseverança". (Idem, pág. 292)

A idéia de uma reformulação agrária já era cogitada no Brasil, no início da década de cinqüenta, quando surgiu a Lei de Terras. Mas o projeto de Nabuco era muito diferente, pois propunha uma reformulação agrária que mudaria as condições de vida no campo, criando novo *status* ao pequeno proprietário. Ele pretendia, especificando a reforma: "A abolição completa, civil e territorial da escravidão, que é o meio de integração da nossa Pátria e o derramamento universal da instrução". (idem, pág. 280). Com isso elevaria o nível moral, social e econômico do povo brasileiro. Veja-se o alto teor progressista de suas reformas e a incrível atualidade delas. Mais de um século depois, o historiador Richard Graham, citado por Milton Costa, coloca Joaquim Nabuco e André Rebouças como propugnadores de uma remodelação social a ser produzida pela Abolição. Rebouças pensava nela através de incentivos agrícolas.

Embora lutando intensamente para conseguir a Abolição, Nabuco, sempre se manifestou quanto à impossibilidade de abolição com indenização, "onde iremos buscar 300 ou 600 contos para resgatar os escravos?" O país não tinha condições para pagar a indenização. Em discurso veementemente, Joaquim Nabuco afirmou que nada deveria obrigar o país a uma prática criminosa, assim considerada pelo mundo inteiro, por não ter condições de desapropriação: "A França, disse alguém, é bastante rica para pagar a sua glória. Senhores, o Brasil não é bastante rico para pagar o seu crime". (Idem, pág. 270-280). De fato aceitou-se, posteriormente, a Abolição sem indenização.

Algumas posições dele foram susceptíveis de controvérsia.

Nabuco sempre se posicionou contra a vinda do imigrante chinês.

Havia uma idéia governamental de trazê-lo para as grandes propriedades de açúcar ou café, mantidas no interior do país. Nabuco não via com bons olhos "essa mongolização do país". Observava que onde eles chegavam, ameaçavam absorver outras raças, o que ocorreu no Peru e Cuba. Temia-os ainda mais se não viessem espontaneamente, mas, como se planejava, por locação de serviços (*Anais da Câmara dos Deputados*, pág. 310). Tal posição foi vista por alguns como certo preconceito racista ou demonstração inequívoca de racismo. Não é nosso modo de ver. O que Nabuco pretendia era integração do próprio elemento de origem, o brasileiro pobre na vida produtiva nacional.

Joaquim Nabuco também acreditava que, apesar da oposição entre escravos e brancos, estes não eram odiados pelos primeiros. Nabuco estava convicto que a mestiçagem favoreceria o surgimento de uma democracia racial brasileira, ou seja, uma harmonia entre brancos e negros. Posteriormente houve ampliação da idéia para os demais grupos étnicos.

Em toda sua argumentação, Nabuco mostrou um grande conhecimento da realidade política, econômica e social do país, fazendo uma crítica lúcida e defendendo um liberalismo com preocupações sociais.

Na tese de Milton Costa sobre Joaquim Nabuco há uma citação de Antônio Candido, em que este afirma que Nabuco foi "um dos exemplares do radicalismo brasileiro, a quem o movimento abolicionista deu uma clarividência assombrosa que durou dez anos." (*Joaquim Nabuco entre a Política e a História*, pág. 29)

O seu radicalismo abolicionista tinha limites e estes eram a Abolição dentro do Parlamento e da legalidade.

NABUCO E O FEDERALISMO

Antes mesmo que ocorresse a Abolição, Joaquim Nabuco já pensava em **Federação**, tema que dividia os liberais e unia os republicanos.

Em 1884, fizera no Teatro Santa Isabel, em Recife, uma conferência salientando que a maior de todas as reformas políticas a que pretendia dedicar-se, quando a emancipação estivesse concluída, era a descentralização quase federal das províncias.

Na Bahia, quando lá esteve após sua eleição para o 5º distrito, recebeu uma homenagem especial e ao falar no Teatro São João apresentou o seu programa "Abolição, Federação e Paz".

Em 14-09-1885, Nabuco apresentou um projeto de Monarquia Federativa na Câmara dos Deputados. Destacou em seu pronunciamento que a centralização política do Império havia sufocado qualquer idéia de federalismo. Iniciando sua argumentação, disse: "O assunto que tenho de atravessar·é tão grave, que me impõe a necessidade de medir cada uma das minhas palavras (...) porque neste momento estou assumindo a maior responsabilidade que um brasileiro, homem público ou particular, possa tomar sobre si: a de tocar na integridade de seu país, para pedir que ela seja refundida em um molde diverso, daquele que existe desde que nos constituímos em Nação independente".(...) "A federação é uma revolução contra as velhas tradições monárquicas e contra as modernas tradições latinas; mas seria impossível dizer no espírito de que homem essa idéia despontou em nossa história (...) ao passo que o abolicionismo, com raras exceções, é um fenômeno recente em nossa história, a federação é um fenômeno do nosso passado todo". (*Anais do Parlamento Nacional* 1871-1889, vol. VI, pág. 312).

Nabuco mostrou que o ideal federalista existia no Brasil desde as antigas capitanias hereditárias e que subsistiu ao período pré-independência, ao Primeiro Reinado e à Regência. Esteve abafado durante certo tempo, mas apareceu em movimentos como a Confederação do Equador, a Guerra dos Farrapos no Rio Grande de Sul e pressentiu-se sua influência em 1831. Foi esmagado pelos 45 anos de centralização do Segundo Reinado.

Propôs, então, um projeto inovador, revolucionário: a Federação Monárquica do Brasil, ou a Monarquia Federativa. Estava revivendo o projeto que, em outubro de 1831, o Partido Liberal mandara ao Senado e que deu origem ao Ato Adicional.

Todavia, não satisfez aos anseios de renovação. Esse documento estava respaldado pela assinatura da maioria dos membros do Partido Liberal. Parecia-lhe que a autonomia local que estava morta na consciência nacional renascia novamente.

Concomitantemente ao movimento abolicionista, pelo qual ele lutava arduamente, devia haver o interesse em "salvar as províncias, pois, as duas reformas: abolição e federalismo são complementares, se associam e representam juntas o ideal nacional de uma pátria reconstituída". (*op. cit.*, pág. 314). Nabuco revelou-se nesses dois projetos de luta: reformador social e pensador político.

Referindo-se à sua trajetória diz: "Nasci abolicionista. É esta a convergência de todas as minhas idéias e sentimentos. (...) Com a federação, porém, deu-se em mim o contrário. Eu não nasci federalista, tornei-me por um processo de conversão lenta". (Idem, pág. 315).

Apontava quatro razões para o federalismo monárquico: distâncias enormes entre as províncias, interesses diversos, governo delegado pelo monarca não pode atender bem aos interesses locais, e sem autonomia absoluta não se poderia impedir a absorção das províncias pelo Estado ou Poder Central.

Nabuco dizia que bastava ver um mapa-múndi, para perceber que o Brasil não podia ter uma administração centralizada.

Mostrou a situação das diversas províncias enfatizando suas peculiaridades. Destacou os problemas administrativos, o desconhecimento que geralmente o Presidente da Província tinha do local para o qual estava sendo indicado; mostrou que se desconhecia a topografia, a economia, a história da região e o seu povo.

A província, argumentava Nabuco, precisava ter autonomia dentro do Estado. Só a Federação permitia, naquele século, grandes países como os Estados Unidos. Sem ela, aqueles Estados já teriam se repartido em diversas porções. Chamou a atenção da Câmara para o que estava acontecendo na Inglaterra "onde as colônias, as mais longínquas, como a Austrália estão procurando federar-se, onde o Canadá se federou e onde uma parte do Partido Liberal pede a federação total do Império" (...) Argumentou "que o sistema federal vem juntar-se ao sistema representativo e, ao mesmo tempo, o vapor e a eletricidade fazem sua aparição. São esses progressos que tornam possível a criação de Estados de organismo superior em territórios ainda mais vastos. Os Estados Unidos mostram-se capazes de conciliar as mais livres instituições com a expansão sem limites". Pensando sempre no aspecto nacional, mas também no provincial, diz textualmente: "Isto quer dizer que, sem a federação não existe a democracia real. A Nação pode ter um caráter representativo, desde que de toda parte são enviados homens a um parlamento que delibera para todo o país, mas não tem a realidade de governo próprio. Sacrifica-se o que é perpétuo ao que é provisório". (Idem, pág. 328).

Para ele, só com o Federalismo podia-se ter "um tipo superior de Estado, isto é, um Estado que se desenvolva tão livremente em uma extremidade como em outra, e que governe a si mesmo em cada uma de suas partes". Por todos esses argumentos considerava que "a forma Federal impor-se-á à constituinte brasileira". (Idem, pág. 328).

Acreditava Nabuco que devia se fazer um esforço conjunto da Nação para aceitar o federalismo. Assim continuou a argumentação: "Todos nós somos brasileiros, e 1º para a unidade nacional, 2º para a defesa de nosso território, 3º para o desenvolvimento da nossa civilização; estamos prontos para fazer o último sacrifício".

Numa visão muito clara e objetiva do futuro, diz: "Os grandes países, como o Brasil, têm forçosamente que ser, pelas suas distâncias, Estados federais. Basta olhar para o nosso território para ver-se que dentro de 100 ou 200 anos, cada um de seus grandes rios ter-se-á tornado a artéria vivificante de uma região fortemente coesa e ligada em todas as suas partes, assim como ao longo de sua imensa costa e espalhados pela sua vastíssima superfície haverá uma série de centros de comércio e indústria, em competência e rivalidades uns com os outros, e que necessariamente as aptidões, as variedades, as energias todas e diferentes de uma área em que cabem centenas de milhões de almas, ter-se-ão acentuado e especificado, em constituições e organizações locais diversas. Pois bem, quem não pensará que, sendo esse o futuro, de todas essas regiões em vinte, em cinqüenta, em cem ou duzentos anos, nós, que não somos senão os depositários temporários de todo esse território, devemos fazer com que ele seja administrado de forma a não ser prematuramente estragado como o tem sido, mas que germes de Estado que há espalhados por eles desenvolvam-se pela liberdade, em vez de atrofiar-se pela absorção?" (Idem, pág. 331).

Ainda a seu ver, contestando o pensamento habitual, quase sempre na contramão da História, declarou: "Penso que em vez de preceder a República à federação, a federação preceder a República..." (Idem, pág. 332).

Em sua opinião, a organização federal seria vantajosa à República, pois, pondo-se à frente de grandes reformas nacionais, como abolicionismo e o federalismo, estava se posicionando em conformidade com as aspirações nacionais.

Respondendo a um aparte do deputado Campos Sales, que afirmou que a Monarquia podia opor-se de todas as formas à federação, Nabuco diz que o deputado supunha que as províncias federadas à Monarquia ou Poder Central conspirariam com seus recursos para o descrédito da forma federal. "É claro que isto seria um perigo, ainda que dessa forma a Monarquia conspirasse contra si mesma." O único perigo que pode haver em dirigir a transformação democrática do seu tempo "é que um dia, pelo desenvolvimento natural do país, em conseqüência dessas reformas que ele mesmo promoveu, a Monarquia chegue a ser desnecessária". Sua visão altamente idealista, para quem defendia o Império, reflete-se no que ele acrescenta: "Mas todo o príncipe digno de sentar-se em um trono deve estar pronto a perdê-lo quando a perda resultar do próprio desenvolvimento que ele tenha dado à liberdade em seu próprio reinado". (Idem, pág. 332).

Concluiu o discurso, solicitando a adesão do Partido Liberal: "Convença-se o Partido Liberal disso, hasteie a grande bandeira da abolição, federação e paz". Terminou o pronunciamento expressando sua confiança no projeto de monarquias federativas, pedindo fé no navio da federação que ora era lançado ao mar. (Idem, pág. 334).

Segundo Carolina Nabuco, o discurso em questão, foi considerado um assalto à plataforma republicana, mas não foi digno de deliberação pela Câmara.

A maioria do Partido Liberal, o consenso geral dos políticos e da imprensa, era de que a idéia exposta era incompatível com a Monarquia.

Idéias republicanas circulavam. Os Estados Unidos eram apresentados como modelo de República e de liberdade. Por outro lado, havia também o exemplo negativo das republiquetas sul-americanas, anárquicas, violentas, com constantes golpes de Estado.

A Federação, e sua conseqüente autonomia municipal e estadual, apresentava-se como uma forma política e administrativa que inspirava não só respeito e admiração, mas também receio de que viesse a causar o mesmo caos e despotismo de suas irmãs da América do Sul.

A Monarquia já estava bastante abalada com a crise militar acentuada no Gabinete Cotegipe. O governo sentia que não podia confiar no Exército. Por outro lado, o Partido Republicano, infiltrado na Escola Militar, ganhava prestígio. Não era um sucesso popular, mas a propaganda republicana incomodava os monarquistas.

O Império vinha se enfraquecendo em função de diversas crises surgidas em decorrência das questões militar e religiosa. As instituições monárquicas vinham lentamente sofrendo descrédito.

A idéia federalista ganhava adeptos porque o excesso de centralização do Império provocava sérios descontentamentos em setores da opinião pública que viam nesse sistema vigente um entrave ao progresso. "Liberais e Republicanos", escreveu Nabuco, "estão de acordo num ponto, a mais urgente de todas as reformas é a autonomia das províncias". (*O País*, 4-08-1888).

Como já se viu no próprio discurso de Nabuco, a idéia federalista não era nova. A historiadora Emilia Viotti em seu livro *Da Monarquia à República – Momentos Decisivos* mostra que o pensamento de Nabuco assemelhava-se ao de frei Caneca, quando em 1824, escreveu no *Typhis* dizendo que o Brasil tinha todas as proporções para um estado federativo: extensão, riquezas várias, variações populacionais de forma a constituir tantas nações quanto províncias.

Tavares Bastos, a grande figura da autonomia provincial, defendia o federalismo no seu conteúdo político democrático e não apenas administrativo.

A linha monarquista, temendo pela unidade política do Império, apoiava só a descentralização administrativa.

Havia ainda os que se manifestavam na província de São Paulo contrários à centralização, chegando a optar até por um separatismo. Diante de tais tendências, Nabuco mostrou certo temor, a que se referiu em discurso.

A posição paulista era decorrente da pouca representatividade política de São Paulo no Senado, na Câmara dos Deputados, no Conselho de Estado e no Ministério. Tal ocorria numa época em que as fazendas do Oeste de São Paulo viviam sua fase áurea, com uma produção vasta e um comércio com predomínio na exportação nacional. O descompasso entre a riqueza econômica e a pouca representação política levou os paulistas à manifestações pelo federalismo e pró-separatismo. Falavam os paulistas que São Paulo era uma província que valia um Estado.

Em 1887, surgiram em São Paulo vários artigos, livros, panfletos, pregando o separatismo. Um deles, de Martim Francisco, apresentava São Paulo como o irmão rico, explorado por toda a família.

A idéia de federação ganhava adeptos entre abolicionistas.

A crise agravava-se. Dias depois da assinatura da lei Áurea, já se percebia a gravidade das manifestações de descontentamento dos proprietários rurais, que aderiram à causa republicana. Os políticos do Parlamento assustavam-se e um deles, no Senado, comentava que "nunca vira tão abaladas as Instituições" (*Anais do Senado do Império*, pág. 37). O Partido Republicano, coeso, via o federalismo como projeto seu, que só a República podia realizar.

Rui Barbosa e Joaquim Nabuco lutavam pelo mesmo ideal federalista, e separaram-se no momento em que o primeiro decidiu-se pela República e passou a defender suas idéias no *Diário de Notícias*. Nabuco, na Câmara dos Deputados e na imprensa, fazia-se portador do federalismo monárquico, escrevendo artigos em *O País*.

Em agosto de 1888, Nabuco voltou à discussão sobre o federalismo, argumentando novamente que Monarquia e Federalismo não eram incompatíveis. Apresentou na Câmara um importante documento redigido por Silvestre Pinheiro Ferreira, nome que não seria suspeito ao Partido Conservador, e solicitou que ele fosse anexado ao seu pronunciamento. Tratava-se de um texto redigido em 1841, em Paris, e encaminhado ao Imperador, que há menos de um ano ocupava o poder. No documento, Pinheiro Ferreira dizia estar apresentando às suas considerações o fruto de suas longas reflexões, nas quais sugeria a divisão do Império em cinco monarquias confederadas e apresentava toda uma argumentação para isso.

Retomando o texto, Nabuco propunha: "Não que se fundem monarquias subordinadas à direção do Governo central, pelo contrário; o que venho propor é a criação de repúblicas confederadas do Brasil, unidas pelo laço nacional da Monarquia". (O Parlamento e a Evolução Nacional, pág. 339). Assim, as províncias teriam muito maior proteção e garantia para o desenvolvimento de sua autonomia do que sobre a forma republicana.

A Monarquia podia, a seu ver, dar maior extensão ao sistema federativo. Partia do modelo inglês e do "admirável exemplo da elasticidade que há na forma monárquica, para admitir ao mesmo tempo e no mesmo Império, a formação de estados quase independentes, porque são autônomos em tudo o que diz respeito à sua própria vida" (*op. cit.*, pág. 342). A obra da Monarquia no Brasil tem sido "inconscientemente em parte, mas em parte com imenso sacrifício próprio, uma obra nacional por excelência. Em primeiro lugar, ela fez a Independência, foi obra de Pedro I; em segundo lugar, e esta é a grande obra do Segundo Reinado, ela fez a unificação do povo brasileiro (Apoiado!); e em terceiro lugar ela fez a abolição da escravatura, o que quer dizer a igualdade das duas raças vinculadas ao nosso solo (Apoiado! Muito bem!). Não há razão para que ela não faça agora a organização definitiva do país que libertou e igualou, sob a forma federal, a única que permite o crescimento legítimo e natural de todas as partes da comunhão". (Idem, pág. 344). Quase no fim de seu pronunciamento, Nabuco diz que "a idéia federal não é uma idéia, em si, liberal ou conservadora, é uma idéia apenas de vida local, é um recurso extremo de salvação para o Norte é uma medida de justiça para o Sul".

Nabuco não largava sua nova causa porque a considerava de grande importância e por sentir que ela podia salvar o Império. Pronunciou importante discurso na Câmara em 11 de junho de 1889, logo após a ascensão do Gabinete Ouro Preto.

Afonso Celso, Visconde de Ouro Preto, Presidente do último Gabinete do Império tentou também, como Nabuco, frear o movimento republicano, mostrando que a Monarquia podia ser suficientemente flexível para atender a uma série de anseios, como a maior autonomia das províncias. Em junho de 1888, ele se manifestara no Senado adepto do bloco federalista: "Não descubro incompatibilidade, nem perigo, desde que a federação seja bem organizada". (*Anais do Senado do Império*, pág. 88). Esta conciliaria interesses gerais do Estado com os locais e conceberia autonomia para províncias e municípios para que se desenvolvessem por seus recursos, sem afrouxar os laços da União com o Centro. Acrescentava que não era um perigo, nem um mal, era mais que um bem, era a salvação da integridade nacional. Ao assumir o Gabinete, mostrou-se, porém, adversário do federalismo radical, queria autonomia relativa, reformas de ordem política, social e econômica aprovadas pelo Congresso do Partido Liberal reunido na Corte.

Propunha alargamento do direito de voto, ampliação dos direitos eleitorais, plena autonomia das províncias e municípios, reforma do Conselho de Estado, liberdade de culto, temporalidade do Senado e liberdade de ensino, entre outras coisas. Alguém teria dito: "É o começo da República". Mas o Visconde replicou: "Não, é a inutilização da República. Sob a Monarquia Constitucional representativa, podemos obter com a maior facilidade e segurança, a maior liberdade". (*Organizações e Programas Ministeriais*, pág. 244-246).

As reformas planejadas pelo Presidente do Conselho eram amplas, mas sua proposta de autonomia dos municípios e províncias não abrangia a idéia de federação, de que era adversário; por isso Nabuco não aceitou sua plataforma de governo.

Assim, como novo paladino do federalismo sob a forma monárquica, Nabuco dirigiu-se à Câmara dizendo: "Estou obrigado a tomar a palavra pela responsabilidade que me incumbe de iniciador da idéia federativa, desde que o Presidente do Conselho rasgou com suas palavras a bandeira federal". Ele não queria apenas a "plena autonomia das províncias e municípios". Contestou que o programa apresentado fosse o da maioria do partido . Afirmou veementemente que Minas Gerais, São Paulo e Pernambuco eram francamente federalistas. A bancada liberal havia, em 1885 e em 1888, subscrito o projeto de monarquia federativa. "Se há uma parte do partido liberal que não quer a federação, então há dois partidos liberais". (*A Vida de Joaquim Nabuco*, pág. 243).

Mostrou a importância da idéia federalista e disse que "a bandeira federal passou das minhas mãos para as do Sr. Rui Barbosa. Pela atitude que julguei dever tomar depois de 13 de maio, perdi a confiança de elementos de opinião que sempre me escutaram". Mostrou que Rui era republicano e ele monarquista, o que o impediu de acompanhá-lo nessa campanha pela Federação com ou sem Monarquia. Sua posição era difícil, já que a idéia federal se tornara arma de combate dos republicanos, pois o Partido Liberal a repelira. Em tais condições não acreditava que voltasse a se apresentar ao eleitorado de Recife: "Não quero fazer a República e sem o Partido Liberal é impossível conseguir a Monarquia federativa".

Assim, essa grande reforma liberal tinha para Nabuco um limite intransponível: a Monarquia. Aborrecia-o o fato dela não ser aceita pelo Partido Liberal "que faz renuncia dela no momento em que o Imperador a aceita". Temia a posição do presidente do Conselho pressionado pelo Partido Liberal. Observou ainda que o aumento das forças republicanas vinha do descontentamento causado pela Abolição.

Foram "as leis de 28-09-1871 e 13-05-1888 que fizeram surgir do solo, as legiões que hoje avançam contra a Monarquia". Imaginou que "a nação talvez tivesse concebido a idéia republicana a 13 de maio, mas não devia ocorrer um pacto prematuro e sem o preparo de todo um período de gestação".

Referindo-se à República, declarou mais adiante: "Se a República vier, estes gritos no recinto do parlamento, entre facções rivais, de Viva a República! Viva a Monarquia! parecem indicar que nos estamos aproximando, por uma gravitação irresistível, da hora da substituição. Esperarei no meu posto que volte para ele a opinião enganada e desiludida. Os povos não corrigem a lei de sua própria gravitação. Sobra-me consciência de que estou com o povo defendendo a Monarquia, porque não há na república lugar para os analfabetos, para os pequenos e pobres". (*op. cit.*, pág. 244).

Prosseguindo, dizia ainda: "Mas a Monarquia que julgo benéfica e popular, não se pode sustentar com baionetas ou favoritismo, e só pode existir por meio de reformas nacionais, como foi a Abolição. A federação teria o mesmo caráter dela, porém vejo infelizmente e com surpresa, que o Partido Liberal faz renúncia dela, no momento em que o Imperador a aceita. É uma grave responsabilidade para o Presidente do Conselho, colocado de fato, na ditadura do Partido Liberal". Para ele a federação "é uma obra para todos os monarquistas sinceros. Feito este protesto, deixo a questão nas mãos do Sr. Presidente do Conselho. S. Excia. disse que sabe bem o que quer. Espero que S. Excia. saiba o que quer o partido liberal e o país. Dadas certas circunstâncias e intervindo a ação do imprevisto, não seria impossível que a Monarquia se visse condenada por elementos de opinião que ainda aderem a ela. Tenho grande responsabilidade no azar que a Instituição está correndo, mas tenho firme convicção de que a Abolição deu força popular à monarquia e que a federação, aceita com a mesma sinceridade, garantiria sua estabilidade. Simulações de autonomia, porém em nada aproveitam. Em tais circunstâncias, o honrado Presidente do Conselho deve inspirar-se em seu patriotismo para que seu ministério não possa ser em caso algum o último da monarquia". (Idem, pág. 244).

Aliás, foram as suas últimas palavras na Câmara dos deputados, pois uma moção de desconfiança de 79 votos contra 20 foi apresentada. O Imperador concordou com a dissolução da Câmara, mas a nova, como o terceiro reinado, jamais existiria.

O pensamento liberal de Joaquim Nabuco, como já se disse, era bastante amplo, mas o seu limite, se é que se pode dizer assim, estava na idéia monarquista. Ele podia influir na queda do Trono por uma razão maior, o Abolicionismo, mas pararia no Império. Sua fidelidade, o sentido de gratidão, de dignidade, em hipótese alguma lhe permitiria romper com a Monarquia, o que continuou até depois de proclamada a República. Teria ficado conservador, por isso? Teria se tornado menos radical? Mais moderado?

Essa posição de fidelidade monárquica foi um traço de alguns abolicionistas: André Rebuças, Silveira Martins, Afonso Celso, Taunay e outros.

Nabuco acreditava que "o país não estava preparado para a República e Ela não estava preparada para o Governo. Tinha homens, mas não princípios". (Idem, pág. 268).

A idéia de Nabuco era de que só as mudanças radicais, como o Federalismo salvariam o Império: "Eu lhe tinha aconselhado (à Monarquia) a Federação, que estou certo iria salvá-la". (*Discurso do Cassino Fluminense*, 20-07-1906). Mas não deu certo. O seu limite era a Monarquia. Para o Visconde de Ouro Preto, o limite era também a Monarquia, mas temia o Federalismo, acreditando que plataformas mais ousadas desestabilizariam o Império. Permanecia adepto de medidas descentralizadoras. Para Rui Barbosa, o Federalismo era o essencial, o regime secundário. Para os republicanos, somente o Federalismo consolidaria a unidade do país, trazendo liberdade ao Estado e ao município. Visões da política, impasses diferentes.

NABUCO E A MONARQUIA

Crescendo em um lar monarquista em que o pai era Senador, Conselheiro da Coroa e algumas vezes Ministro do Império, era natural que Nabuco tivesse certa inclinação à Monarquia.

Logo depois de formado, e tendo-se envolvido com o jornalismo, passou a escrever na *Reforma*, principal órgão da imprensa liberal. Redigia artigos sobre Filosofia, Religião e Política, e entrou em controvérsia com a *República*, periódico recém criado, e que pelo próprio título já mostrava suas posições radicais. Naquela ocasião, Joaquim Nabuco declarou que a Monarquia Constitucional era a melhor forma de governo.

Alguns artigos seus estavam sendo transcritos no *Diário do Rio* e o senador Nabuco de Araújo chegou a ser cumprimentado pelo sucesso do filho. Tinha já uma posição nitidamente monárquica.

Em agosto de 1873, Joaquim Nabuco deixou o Rio de Janeiro com destino ao Velho Mundo.

Na Europa, visitou mais rapidamente do que desejava a França, Inglaterra, Itália e Suíça, sempre em contato com monarquias constitucionais. Em 1874 retornou ao Brasil.

Em 1876, foi nomeado adido da Legação Brasileira em Washington e partiu para os Estados Unidos, via Europa. Nos Estados Unidos dividiu sua permanência entre Washington e Nova York. Conhecia agora mais de perto uma república.

Em 1877, Nabuco seguiu para Londres, a fim de ocupar o cargo de adido diplomático. Era muito amigo do filho do Barão de Penedo, diplomata brasileiro em Londres. Nabuco, por isso mesmo, foi bem recebido em seu novo lar, escreveu artigos para *O Globo*, freqüentou salões luxuosos, conviveu com artistas, políticos, diplomatas e secretários de Estado. Teve contato, enfim, com a mais alta e fina aristocracia inglesa. Foram inesquecíveis os dias passados em Grosvenor Gardens e ficou encantado com Londres.

Essa convivência com a aristocracia européia foi importante para que melhor conhecesse a Europa, os sistemas políticos, o parlamentarismo, o liberalismo e pudesse compará-lo com o presidencialismo americano.

A impressão mais forte que a Inglaterra lhe causou ficou bem clara no livro *Minha Formação*, redigido aos cinqüenta anos, certamente com alguma nostalgia do passado. Segundo o prefácio de Gilberto Freire, é um estudo em que a autobiografia e a história nacional se confundem. Nela, Nabuco confirmou que foi marcante para a sua formação a influência inglesa e através dela tornou-se "monarquista de razão e sentimento". "A minha passagem pela Inglaterra deixou-me a convicção, que depois se confirmou nos Estados Unidos, de que só há, inabalável e permanente, um grande país livre no mundo (...) O que deixa tão funda impressão na Inglaterra é, antes de tudo, o governo da Câmara dos Comuns, a suscetibilidade daquele aparelho, ainda perante as mais ligeiras oscilações do sentimento público, a rapidez dos seus movimentos e a força, em repouso, de reserva, que ele concentra. Mais ainda, porém, do que a Câmara dos Comuns, é a autoridade dos juízes. Somente na Inglaterra, pode-se dizer há juízes. Nos Estados Unidos a lei pode ser mais forte do que o poder; é isto que dá à Corte Suprema de Washington o prestígio de primeiro tribunal do mundo, mas só há um país no mundo em que o juiz é mais forte do que os poderosos: é a Inglaterra. O juiz sobreleva à família real, à aristocracia, ao dinheiro, e, o que é mais do que tudo, aos partidos, à imprensa, à opinião; não tem o primeiro lugar no Estado, mas tem-no na sociedade. (...) Apesar dos seus séculos de nobreza, das suas residências históricas, da sua riqueza e posição social, o marquês de Salisbury e o Duque de Westminster estão certos de que diante do juiz são iguais ao mais humilde de sua criadagem. Esta é, a meu ver, a maior impressão de liberdade que fica da Inglaterra. O sentimento de igualdade de direitos, ou de pessoa, na mais extrema desigualdade de fortuna e condição, é o fundo da dignidade anglo-saxônica." (*Minha Formação*, pág. 103)

Essa idéia de Justiça, aliada ao curso prático de liberdade que ele foi fazendo com a leitura diária da Seção dos Tribunais do *Times*, acrescida ao livro de Bagehot, *A Constituição Inglesa*, contribuíram para que adquirisse uma impressão viva da liberdade inglesa.

A dupla influência do governo inglês e da liberdade apresentavam-se sob o ângulo da Monarquia. Mas não podia repelir a república só por admirar a Monarquia, era preciso algo mais para que ele se decidisse. E Nabuco foi mostrando o caminho que palmilhou até chegar as suas conclusões: "Foi na Inglaterra que senti que nunca nossa raça atingiu ao mesmo ponto de altivez moral que em uma Monarquia. Com o privilégio dinástico, que também o meu radicalismo rejeitava, eu agora o via bem, não se fazia no século XIX senão aproveitar a tradição nacional mais antiga e mais gloriosa para neutralizar a primeira posição do Estado. A concepção monárquica ficava sendo esta: a do governo em que o posto mais elevado fica fora da competição. Era uma concepção simples como a da balança, como a do eixo. Nenhum direito se transformou tanto no decurso deste século no Ocidente como o direito real, que de divino passou a ser puramente histórico, de ativo passou a ser passivo. O rei da Inglaterra, se quiser influir na política com as suas idéias próprias e sua iniciativa, tem primeiro que abdicar e – se a hipótese é admissível – fazer-se eleger à Câmara dos Comuns ou tomar a direção da Casa dos Lordes. Entre o Tzar e a rainha Vitória a diferença de autoridade é infinitamente maior do que entre a rainha Vitória e o Presidente dos Estados Unidos. O governo pessoal é possível na Casa Branca; é impossível em Windsor Castle". (*op. cit.*, pág. 105).

A admiração que tinha pela Monarquia Constitucional Inglesa e pelo espírito inglês fez dele um fervoroso adepto da Monarquia e desta no Brasil.

Continuando suas reflexões sobre a influência inglesa escrevia: "a Monarquia Constitucional ficava sendo para mim a mais elevada das formas de governo, a ausência de unidade, de permanência de continuidade no governo, que é para muitos da forma republicana, convertia-se em sinal de inferioridade". (Idem, pág. 106)

O que presenciou nos Estados Unidos tornou mais forte seu vínculo monárquico. Assim diz: "Esse ideal republicano, de um Estado em que todos pudessem competir desde o colégio para a primeira dignidade, passava a ser a meus olhos uma utopia sem atrativo, o paraíso dos ambiciosos, espécie de hóspício em que só se conhece a loucura das grandezas". (Idem, pág. 106).

O respeito pela Monarquia durou toda a sua vida, passou pela década de ouro do abolicionismo e por ela ainda defendeu o Federalismo monárquico.

Em *O País* escrevia: "A verdade é que hoje só há uma reforma que possa deter a marcha da república e essa é a autonomia das províncias". Após a proclamação da República, defendia a mesma idéia quando escreveu o folheto *Por que continuo a ser monarquista*: "Eu era monarquista porque a lógica me dizia que não se devia absolutamente aproveitar para nenhuma fundação nacional o ressentimento do escravismo; por prever que a monarquia parlamentar só poderia ter por sucessão revolucionária a ditadura militar, quando a sua legítima sucessora evolutiva era a democracia civil" (*A Vida de Joaquim Nabuco*, pág. 267).

Temia ele que no Brasil se repetisse o problema das pseudo-repúblicas da América Latina, sempre envolvidas em golpes militares. Seu pensamento lúcido o fazia analisar com certo desprezo o espetáculo das imperfeições, erros dos vários países latino-americanos que haviam inaugurado em seu continente o regime republicano.

A mesma idéia de apoio à Instituição que fora derrubada em 15 de Novembro de 1889 aparece em seu *Agradecimento aos Pernambucanos,* quando explicou as razões de não aceitar qualquer participação política sob o novo regime.

Ele sempre se sentiu culpado com sua contribuição abolicionista pelo golpe republicano. Na época, exagerava a correlação Abolição/República.

Embora tivesse dito: "Não devo à dinastia nenhuma reparação, não lhe armei nenhuma cilada, na humilde parte que me coube, o que fiz foi acenar com a glória, com a perfeição de seu traço na História". (*op. cit.*, pág. 213). De fato, sentia-se responsável. Em outro momento deixou bem claro essa idéia: "Tenho responsabilidade no azar que a Instituição está correndo, mas tenho firme convicção de que a Abolição deu força popular à Monarquia e que a Federação com a mesma sinceridade garantirá a estabilidade". (*O Parlamento e a Evolução Nacional*, vol. VI, pág. 349).

Quando o federalismo não teve o respaldo do Gabinete liberal de Ouro Preto e ele viu que a Monarquia tinha seus dias contados declarou: "Monarquista, eu hei de ser firme como um rochedo". (Idem, pág. 348).

Em 1895, Joaquim Nabuco respondeu em carta aberta ao Almirante Jaceguay, que o dever dos monarquistas sinceros, mesmo quando a Monarquia estivesse morta, seria morrer politicamente com ela, e mencionou que monarquistas não tinham qualquer influência no governo republicano, mesmo depois de passados seis anos do novo regime.

Joaquim Nabuco se decepcionava com o que via e analisando o Império através da obra que escrevia sobre o pai, Nabuco de Araújo, *Um Estadista do Império*, mostrava a Monarquia como um período de estabilidade, honra e glória. Certamente havia muito de sentimental e romântico em sua visão.

Ao aceitar colaborar com o governo republicano, através de uma ação diplomática, Joaquim Nabuco disse em carta ao Desembargador Ribeiro: "Fui e sou Monarquista, mas essa é uma característica secundária para mim, acidental: a caracterização verdadeira tônica, foi outra: liberal". (*A Vida de Joaquim Nabuco*, pág. 320).

Nos anos iniciais da República, consolidavam-se tendências conservadoras no homem que outrora simbolizava o liberalismo.

Para ele, o Império que presenteara o país com a Abolição não merecia o fim que teve e o exílio de D. Pedro II e da Princesa Isabel causava-lhe mal: "Dele (D. Pedro II) guardarei um luto eterno". (*op. cit.*, pág. 320).

Da influência inglesa, do espírito inglês, Nabuco guardou para sempre o respeito pela Monarquia: "Foi na Inglaterra que tive o preparo para a impenetrabilidade que ofereci depois à aspiração republicana". (*Minha Formação,* pág. 104).

Impressionava-o as grandes figuras do debate parlamentar inglês como Gladstone e Disraeli. (*Anais da Câmara dos Deputados*, pág. 772). "Tenho sempre a Inglaterra como modelo de país representativo". (*Anais da Câmara dos Deputados*, pág. 477).

Desde que ingressara na política, em Pernambuco, Joaquim Nabuco escolheu o Partido Liberal para se engajar, certamente o que mais parecia com seus ideais. Vira o trajeto do pai, de conservador para liberal, vira o pensamento político inglês fluindo sob o influxo de idéias liberais e considerava que o Liberalismo era a melhor alternativa para o desenvolvimento nacional e o progresso social.

Mas apesar de sua filiação, Nabuco não era um homem de partido. Não só dizia não ser, mas não o era efetivamente. Apoiava o Partido Liberal se estivesse em sintonia com suas idéias. Deixou de fazê-lo em vários momentos, haja vista a reforma liberal do Gabinete Sinimbu, a proposta de Abolição com Saraiva e a de federalismo sob o Gabinete do Visconde de Ouro Preto. Por outro lado, apoiou o Gabinete conservador de João Alfredo, porque ele defendia um projeto liberal, que era a Abolição. Sua preocupação era com o terreno ideológico. Assim, discursando na Câmara dos Deputados dizia: "Senhores, vejo uma situação liberal, um partido liberal, mas não vejo idéias liberais". (Idem, pág. 471).

Para alguns, o seu liberalismo era radical na primeira fase, mas outros o consideravam moderado, porque o abolicionismo que ele defendia estava restrito à legitimidade das Instituições Legislativas.

No âmbito do abolicionismo, Nabuco foi até o provável sacrifício da Monarquia e na federação até onde permitia o Império; portanto, foi um grande exemplo de Liberalismo da época, com todas as suas limitações.

Gostaria de tornar minhas estas linhas de Milton Carlos Costa: "Nabuco foi uma das mais importantes expressões do liberalismo brasileiro, pela radicalidade e generosidade do seu engajamento em favor dos escravos; pela profundidade de sua análise do Brasil Império; pela proposta de reformas sociais e políticas que acelerassem o forjar de uma grande nação moderna e próspera, ele instituiu um marco da ideologia liberal do tipo inglês entre nós, da qual soube extrair e adaptar às nossas condições os aspectos mais significativos". (*Joaquim Nabuco... Entre a Política e a História,* pág. 7).

NABUCO E A DIPLOMACIA

Após a proclamação da República, Joaquim Nabuco viveu um longo período de exílio voluntário da política. Via com tristeza a República esmagada pelos governos militares, mergulhada no caos econômico e nos distúrbios sociais.

Escreveu livros e artigos acompanhando "o descalabro progressivo do país".

Casara-se, com D. Evelina, filha do Barão de Inhoan, indo residir na ilha de Paquetá.

No aconchego do lar, em companhia da mulher e filhos, passou a viver um período de tranqüilidade, de produção intelectual, de meditação que o levou a reencontrar-se com o Catolicismo, do qual se afastara nos anos de intensa participação da vida nacional.

Sua ligação religiosa tinha raízes longínquas: "Eu sinto a idéia de Deus no mais afastado de mim mesmo, como o sinal amante e querido de diversas gerações... Foi Renan que operou em mim a separação da imaginação e do raciocínio em matéria religiosa (...) Foi assim que passei da dúvida se Jesus Cristo teria sido um homem, à idéia de que ele não fora senão um homem (...)Eu não confessaria a mim mesmo que não acreditava mais no Deus ao qual rezara toda a minha vida. (*Minha Formação*, pág. 305).

Como mero espectador da política, ele viu paulatinamente deixarem a cena pessoas próximas, como irmão e amigos com os quais convivera em sintonia. Morreram: Sizenando, o irmão querido; Eduardo Prado, "da minha roda, do meu grupo de amigos, do bando literário, político e social a que pertenci" e Rodolfo Dantas, "a afeição dele era um porto na costa de um mar cheio de naufrágios e a esse eu podia arribar em todo tempo com segurança". (A *Vida de Joaquim Nabuco,* pág. 278).

Nesse período de afastamento da atividade política, trabalhou como advogado associado a João Alfredo, colaborou no *Jornal do Comércio* e na *Revista Brasileira*.

O seu desejo de isolamento era criticado por muitos, inclusive por José do Patrocínio que se referia a monarquistas que antepunham a Monarquia à Pátria e se desinteressavam dos problemas de seus concidadãos.

Analisando sua trajetória, escreveu em *Minha Formação* sobre os vários prismas em que viu a vida, em suas diferentes fases.

O Brasil mudava. A República de governo militar passava a civil. O chamado "jacobinismo militar" dos primeiros anos chegava ao fim. Prudente de Morais, o primeiro presidente civil ocupava o poder. Terminavam os anos mais difíceis do novo regime.

Lentamente Joaquim Nabuco foi se reconciliando com a República: "Eu quero viver até o fim Monarquista, mas quero viver reconciliado com os destinos de meu país". Mas a sua fidelidade monárquica permanecia, quase como um complexo de culpa. Em carta ao Barão Homem de Melo confessava: "Guardei dez anos o luto da Monarquia, mas o dele (Pedro II) e da Princesa guardarei eternamente".

Em 1899, foi convidado e aceitou o oferecimento do presidente Campos Sales, feito através do Ministro do Exterior, Olynto de Magalhães, para defender o Brasil como advogado único do país na questão de limites entre o Brasil e a Guiana Inglesa, que deveria ser resolvida por arbitramento. Só aceitou depois que consultaram o Barão do Rio Branco, especialista em questões de limites, para saber se este não estava interessado no caso.

Sua adesão já tardia ao governo republicano provocou críticas de velhos monarquistas, apesar de a própria Princesa

Isabel mandar-lhe recado que apoiava seu ato patriótico, como seu pai, se fosse vivo, também o aprovaria.

Com o falecimento do Ministro do Brasil em Londres, em março de 1900, Joaquim Nabuco foi chamado para ocupar o cargo de Diplomata na Legação Brasileira, o que também aceitou.

Em cartas à esposa, mostrou as primeiras impressões de Londres, agora no ângulo da diplomacia republicana.

Escrevia quase diariamente, contando os acontecimentos: contatos com ministros, políticos, reis, príncipes. Participou de cerimônias oficiais, oferecia alguns jantares na embaixada, percorria museus, igrejas e palácios. Visitou países, capitais, lugares pitorescos, culturais, turísticos, trabalhava muito, porém, preparando a defesa do Brasil, do Direito do Brasil. Fez leituras em bibliotecas, consultou documentos diplomáticos, mapas. Preparou um longo relato, fazendo análise da linha fronteiriça da Guiana Inglesa, dos diversos ocupantes da região, das desavenças surgidas, dos acordos realizados. Cabia, agora, a Vitor Emanuel III, rei da Itália, ser o árbitro dessa complicada questão de limites.

Falando por seu país, Nabuco demonstrava a prioridade brasileira sobre a região, baseando-se em documentos sólidos e apoiando-se na cartografia da época, que reconhecia os tratados firmados por Portugal.

Nabuco invocava a doutrina do divisor de águas, aceita pelo direito internacional e pela maioria dos jurisconsultos ingleses sob o nome de *Watushed Line*. Valeu-se de outro princípio: que a Inglaterra em diferentes ocasiões afirmava e que o Brasil acolhia sempre, a doutrina do *enchoate title*, direito de propriedade, a posse histórica sobre a região, mesmo havendo esporádicas explorações sob outras bandeiras.

115

Para provar a posse da região, o Brasil se apoiava em tropas de resgate e missionários que ocuparam a área. Joaquim Nabuco concluía a argumentação dizendo que: "O Brasil sustenta que a Inglaterra não tem direito algum a atravessar o Rupunune e estabelecer-se na bacia do Amazonas. O trabalho foi entregue em Roma a 25-02-1904.

A defesa da Inglaterra era elaborada por vários especialistas do *Colonial Office* e não por um advogado único, como era o nosso caso. Como justificativa de seus direitos à soberania exercida naquele momento, os ingleses apresentavam a posse e a influência comercial, apoiada no testemunho de índios que habitavam a região e que reconheciam essa supremacia.

O trabalho gigantesco de Nabuco constava de 18 volumes de textos, mais de 2000 páginas redigidas por ele, com mapas e documentos anexados. Joaquim Nabuco acreditava ter cercado a defesa de todos os lados, deixando-a livre de qualquer imprevisto.

O laudo arbitral de Vitor Emanuel III contestou a pretensão histórica de Portugal e repudiou o *inchoate title*. A decisão apresentada pelo rei não dava supremacia a nenhum dos contendores, mas acabava por favorecer a Inglaterra.

Joaquim Nabuco ficou desolado com a sentença que dava aos ingleses o Tacutú, como fronteira. Ao cansaço pelo esforço realizado acrescentou-se a tristeza pelo insucesso, o que ao julgamento da história posterior parece ter sido de fato uma injustiça ao trabalho de Nabuco.

Quatro anos mais tarde, estudando problemas relativos ao Acre, Rui Barbosa leu a obra, e escreveu a Joaquim Nabuco, cumprimentando-o pelo estudo realizado, "pela argumentação lógica, clareza, brilho (...) que fazem dele (...) porventura a mais notável expressão do seu talento". (Idem, pág. 399).

Em 1905, Nabuco recebeu telegrama do barão do Rio Branco, oferecendo-lhe o cargo de primeiro embaixador na recém-criada embaixada de Washington. O título era um privilégio que a poucas nações se reservava e concedido aos ilustres de seus países. Nessa função, ele se tornou o grande defensor do Panamericanismo, já que era um grande entusiasta do ideal de Monroe. Defendeu esta idéia com o mesmo ardor das causas do passado.

A diplomacia interessava-lhe pelo lado político, pelo bem que poderia trazer ao país, mas as atividades sociais do cargo o desgostavam: "Estou quase com sessenta anos, e nessa idade não se gosta de uma existência artificial como é a do diplomata". (*A Vida de Joaquim Nabuco*, pág. 411).

Naqueles anos de República, com o desenvolvimento do capitalismo e a emergência dos Estados Unidos no cenário internacional, seja como supremacia política ou comercial, o Brasil passou a se guiar internacionalmente pela política de Rio Branco, que intensificava essa aproximação com os norte-americanos. Por outro lado, os Estados Unidos eram, desde 1870, os maiores compradores da produção brasileira. A supremacia americana ora vigente empalidecia o prestígio europeu dominante durante o século XIX.

A aproximação com os norte-americanos era malvista pelos monarquistas, tanto assim que seu porta-voz, Eduardo Prado, na sugestiva obra *A Ilusão Americana* (1893) criticou o exagero da influência americana no Brasil em detrimento das tradições européias.

Mas ao assumir sua posição de diplomata, Joaquim Nabuco aceitou defender a política brasileira de aproximação com os Estados Unidos. Abriam-se, assim, as portas a uma nova etapa da história diplomática brasileira, que seria marcada pela hegemonia dos Estados Unidos sobre o Brasil e América Latina.

Em carta a Graça Aranha, Nabuco dizia: "Reconheço que o título de Embaixador por si é um manifesto, e um manifesto que tem a vantagem de dizer tudo sem nada precisar. Reconheço que é uma iniciativa. Estamos visivelmente no começo de uma nova Era... Ninguém é mais do que eu partidário de uma política exterior baseada na amizade íntima com os Estados Unidos. A doutrina de Monroe impõe aos Estados Unidos uma política externa que se começa a desenhar, e, portanto, a nós todos também a nossa. Em tais condições a nossa diplomacia deve ser principalmente feita em Washington. Uma política assim valeria o maior dos exércitos e a maior das marinhas (...). Para mim a doutrina de Monroe significa que politicamente nós nos desprendemos da Europa tão completamente e definitivamente como a lua da terra. Nesse sentido é que sou Monroísta". (*A Vida de Joaquim Nabuco, pág. 408*).

Em carta ao Presidente Campos Sales, que o nomeara, diz: "Minha impressão é que para todos os países da Europa e da América, o problema externo tende cada dia mais a sobrepujar os problemas internos e que estamos caminhando para uma época em que a sorte de todos eles sem exceção tem que ser afetada pela solução que tiver conflito de influência e preponderância entre os grandes sistemas atuais de forças, como sejam, a Tríplice e a Dupla Aliança, o Império Britânico, a doutrina de Monroe etc." (Idem, pág. 409).

Em 1902 aceita o convite de Rodrigues Alves para dirigir a Pasta das Relações Exteriores. Em carta ao barão do Rio Branco, disse: "Eu sou um forte Monroísta, como lhe disse, e por isso grande partidário da aproximação cada vez maior entre o Brasil e os Estados Unidos". (Idem, pág. 409).

Em maio de 1905 embarcou para os Estados Unidos, para o novo cargo em Washington, defendendo o Panamericanismo com o mesmo ardor com que o fizera pelo Abolicionismo, em sua fase áurea. Era sua forma de agir, de viver. Na visão de Marco Aurélio Nogueira, Nabuco foi o "tradutor radical da política de Rio Branco e, até certo ponto, um antecipador da orientação que passaria a predominar após 1912". (*Joaquim Nabuco, um aristocrata...*, pág. 75).

O Presidente Theodore Roosevelt e Joaquim Nabuco tiveram relações cordiais. A imprensa americana, mais do que a londrina, deu destaque ao embaixador. Nabuco procurou despertar o interesse pelo Brasil ao mesmo tempo que trabalhava pela política Panamericanista e preparava a IIIª Conferência a se realizar no Brasil, em julho de 1906.

As discussões preparatórias ocorreram em Washington com representantes diplomáticos de vinte e uma nações americanas.

Chegou ao Brasil com uma delegação americana, da qual fazia parte o Secretário de Estado dos Estados Unidos. Passaram por Recife, onde Nabuco foi recebido calorosamente. Depois, o Rio de Janeiro teve ocasião de homenageá-lo. Foi encarregado de apresentar na última sessão da Conferência, sediada no Rio, as conclusões do evento, cujo objetivo era a maior aproximação das nações do continente americano, rompendo desconfianças e ceticismos.

Nabuco teve uma visão idealista desta aproximação e da posição dos Estados Unidos no contexto americano. Percebia que a política internacional mudara e que a proeminência européia dava lugar a uma aproximação norte-americana. Ele sentia que estavam todos os americanos irmanados num destino comum a toda a América.

Em discurso de 11 de maio de 1908, em Washington, no lançamento da pedra angular do edifício União Panamericana, dissera "somos todos filhos de Washington. Erguendo sobre as províncias do Potomac, à vista do Capitólio, a nova sede das Repúblicas Americanas será outro monumento ao fundador da liberdade moderna. Aquele é seu Memorial Nacional, este seu Continental". Acreditava na Associação indissolúvel das duas Américas, sob o olhar protetor dos Estados Unidos.

Nabuco não teve, como diz Marco Aurélio Nogueira, condição de ver essa fase de transição que ocorria, os perigos, os avanços do capitalismo norte-americano. Viu com entusiasmo a união das Américas e certamente com muito do idealismo que o caracterizava.

Em 1907 e 1908 trabalhou arduamente na criação da secretaria das Repúblicas Americanas em Washington, que precisou passar por uma grande remodelação; participou de conferências em várias Instituições, inclusive Universidades.

NABUCO E A CULTURA BRASILEIRA

Joaquim Nabuco teve já desde os tempos de mocidade uma certa atração pela Literatura: "Dizendo Letras, escrevia ele, quero apenas me referir o que elas podem ser para mim: o lado belo, sensível das coisas que está ao meu alcance, a ressonância, a admiração, o estado d'alma que elas me deixam". (*Minha Formação,* pág. 260).

A leitura de *Os Lusíadas* foi para ele um deslumbramento. Por isso, em 1872, escreveu o seu primeiro livro Camões e *os Lusíadas,* que o próprio Nabuco diz ter sido recebido, com certa benevolência pela crítica. Trabalho mais impressionista do que profundo. No mesmo ano, publicou um opúsculo em francês, sem valor especial, mas dedicado ao seu monstro sagrado de então, Ernest Renan, literato e historiador romântico inglês do século XIX, autor da idéia de que os grandes homens, os heróis, é que fazem a História.

A vida intelectual, portanto, iniciou-se bafejada pela Literatura, embora ela não tenha sido sua atividade primordial.

Nos anos seguintes e na década posterior dedicou-a à luta pela Abolição da escravidão. Dedicou-se, então, a escrever os discursos pronunciados no Legislativo, artigos para o *Jornal do Comércio* (1884) e *O País* (1886 e 1887) e pronunciar conferências em Pernambuco.

Em 1883, publicou em Londres *O Abolicionismo*, em que mostra sua visão do problema, o caráter do movimento, o partido abolicionista, as leis, o tráfico, os fundamentos do mesmo, a influência da escravidão sobre o território, a população, a nacionalidade, as influências sociais e políticas e as conclusões.

Trata-se de obra muito importante para o conhecimento da idéia de Nabuco sobre escravidão/Abolição. Nela, ele mostrou todo o pensamento inovador, revolucionário no tocante à situação do cativo.

O estudo pretendia a propaganda e defesa do ideal abolicionista. É uma *praxis* política que ele apresentava, pretendendo como objetivo principal "destruir a obra da escravidão". Deixou bem clara a profundidade de sua visão liberal e a intensidade do projeto de reformador social. Foi um trabalho relativo aos problemas do escravo no momento em que o autor escrevia, mas já surgiu como um clássico.

A historiografia abolicionista brasileira trabalhou com muitos pronunciamentos de Nabuco, dos mais variados matizes, e com muitas das análises dele.

Mas muito de seu pensamento e de suas descobertas não foram suficientemente exploradas, diz um dos mais recentes estudiosos de Nabuco, Milton Costa, na obra *Entre a Política e a História*.

Ainda são da década de 80, ou mais precisamente de 1886, os opúsculos *O Erro do Imperador*, *Eleições Liberais* e *Eleições Conservadoras* e *O Eclipse do Abolicionismo reunidos* no volume XII da Coleção de Obras Completas de Joaquim Nabuco sob o título de *Propaganda Liberal*.

A produção intelectual mais marcante de Joaquim Nabuco foi a que surgiu nos anos posteriores à queda da Monarquia, quando viveu, mesmo no Brasil, sua fase de exílio.

Em *Minha Formação,* Nabuco faz um estudo autobiográfico, contando aspectos importantes que marcaram sua vida: Massangana, o engenho em que passou a infância e que ele retrata no final do livro, o colégio em que estudou, a Faculdade de Direito de São Paulo, a primeira viagem à Europa, o encontro com Ernest Renan, a crise poética, as primeiras atividades diplomáticas, a Legação de Londres, a influência inglesa e norte-americana. É um livro importante para se compreender a elaboração do pensamento de Nabuco, aliás não elaborado numa visão cronológica.

Literariamente falando, *Minha Formação* e *Nabuco de Araújo – Um Estadista do Império* são consideradas suas obras mais marcantes. *Um Estadista do Império* é um trabalho de fôlego, de intensa e rica documentação em que Nabuco procurou analisar a ação política do Pai, Nabuco de Araújo, e para fazê-la estendeu o estudo a todo o Império.

Em carta a Hilário de Gouveia, em março de 1894, dizia: "Eu passei seis meses a reunir e separar o material preciso para escrever a vida de meu pai. Foi um trabalho seguido de cinco horas por dia. Tive que considerar uns 30.000 documentos, talvez por livros, discursos e anais. Tenho hoje em três caixões o indispensável para uma obra em dois volumes: "Vida" e "Opiniões do Conselheiro Nabuco". Só queria para levantar esse monumento (não pelo que vou escrever, mas pelo que vou publicar dele) à memória de meu pai, ter, durante uns dois anos, o espírito sossegado. Não tenho nenhum desejo de estar na política, mesmo se me oferecer ocasião, agora que tenho um trabalho que me seduz e todo preparado" (*Carta a Amigos*, pág. 227).

Em várias cartas ao amigo, deu notícias sobre o andamento do trabalho. Em dezembro de 1896, comunicou o término do primeiro tomo: "Tenho esperanças de que o Garnier queira imprimir grátis" (*op. cit.*, pág. 273).

A obra, em três volumes, abrange a carreira política de Nabuco de Araújo que foi advogado, jurisconsulto, Presidente de Província, Deputado, Senador, Ministro do Império e Conselheiro de Estado. Mas o livro é de fato um estudo da política imperial, da formação centralizadora do Império iniciando com a Regência e apresentando o funcionamento complexo do Estado Monárquico. Joaquim Nabuco traçou, na verdade, um quadro institucional grandioso do Império, no qual outras figuras também se sobressaem. Pintou com maestria o perfil de Zacarias de Góes e Vasconcelos, Torres Homem e Rio Branco, entre outros.

Partindo do presente, que era a República militar, anárquica, muitas vezes sob estado de sítio, viu os 49 anos da Monarquia como solidez, grandeza e seriedade. A visão do Império foi por isso idealizada, romântica, sentimental. E assim, um tanto distorcida.

Ao escrever sobre Joaquim Nabuco, Marco Aurélio Nogueira havia destacado nele duas fases: uma do reformador social e político que correspondia ao Abolicionismo e outra de Nabuco conservador do período pós-Abolição e pós-República.

Essa idéia foi retomada por Milton Carlos Costa que a desenvolveu explorando a segunda fase através da obra *Um Estadista do Império*.

Contrapondo o liberal da primeira fase, Joaquim Nabuco é visto como conservador a partir de 1888. *Um Estadista do Império* é para Milton Costa, "a obra prima do conservadorismo brasileiro na historiografia". Análise séria, acompanhada de rica e valiosa documentação, o livro de Nabuco apresentou panorama extraordinariamente amplo e sugestivo do Império de Pedro II.

Como obras históricas, Joaquim Nabuco escreveu ainda *Balmaceda*. Centrou o estudo na pessoa de Balmaceda., então presidente do Chile. Trabalhou com documentos já conhecidos, mas seu estudo foi um outro olhar sobre o episódio. Balmaceda representou no Chile o sistema ditatorial dos países sul-americanos. Nabuco viu semelhanças e diferenças entre as crises do Brasil e do Chile. Diz, porém, que as diferenças são mais importantes, "são profundas, vitais, extremas". Defendeu no trabalho a superioridade da república parlamentar sob o presidencialismo.

Ainda publicou *A Intervenção Estrangeira durante a Revolta*, tratando da revolta contra o Presidente Floriano Peixoto organizada pela Armada. Um dos principais fatores da vitória foi a intervenção estrangeira, na forma de um comando de forças navais inglesas, italianas, portuguesas e francesas reunidas em 1893. A revolta não tinha caráter monarquista, nem a aliança entre Saldanha da Gama (Comandante da Armada) e Silveira Martins (Senador do Império e Político do Rio Grande do Sul) deram ao movimento conotação monarquista.

Nabuco não contestava que Floriano tivesse o direito de defender sua autoridade, mas não o tinha de "apelar para o estrangeiro". Seu vulto público não lembrava um grande general, mas um "grande carcereiro". (*op. cit.*, pág. 168). Por sua vez, Saldanha da Gama foi descrito como figura digna, nobre, enfim com atributos de herói. Nabuco havia convivido com Saldanha da Gama, em 1876, quando estiveram nos Estados Unidos. O livro tornava clara sua pouca simpatia pelo Presidente em exercício.

Entre 1883 e 1884 preparou outra obra com máximas e impressões que seriam o núcleo de um trabalho posterior: *Pensamentos Soltos*, escrito originariamente em francês. Como o próprio título já elucida, trata-se de um livro reunindo suas reflexões ao longo dos anos, impressões do cotidiano diante de uma igreja, de uma capela, de uma fala de um sacerdote, de um quadro, de motivo religioso ou de pensamentos filosóficos e religiosos acumulados. Nele há registros de sua fé religiosa readquirida, seu retorno ao Catolicismo, cuja fé ele perdera ao entrar na Academia. E, segundo críticos, de valor inferior ao conjunto de sua obra.

Alguns trechos: "Eu desejaria escrever um pequeno livro sobre a oração de Jesus Cristo. É uma pequena obra-prima quer no todo, quer em cada uma das partes. É a suma da oração impessoal; nada se pede aí para si mesmo, só o que obriga a buscar necessidades comuns a todos... O Padre Nosso é em sua simplicidade a mais sublime das orações e, enquanto a perfeição humana pode valer, digna de Deus". (*A Vida de Joaquim Nabuco,* pág. 316).

A idéia religiosa é predominante na obra. Assim, escreve: "Há dias estou relendo a Imitação (Imitação de Cristo). Que admirável livro, verdadeiramente divino. Mas a regra da Imitação é desejar o sofrimento, e o meu modo de entender a vida não é assim. A Imitação é escrita para os ascetas e o ascetismo não é meu ideal de vida espiritual, de comunhão da criatura com o Criador. O meu Cristianismo é o platonismo acrescentado com a morte de Deus pelo Homem. Em nada poderia renegar o culto do belo, a arte, a estética, a Ciência, o progresso, as conquistas da inteligência pela contemplação da caveira e o pensamento das penas do inferno". (*op. cit.,* pág. 317).

Segundo Nabuco, a religião "deve espalhar a alegria, ser o punhado de flores junto à janela do pobre. A mortificação só seria admissível para reprimir a tristeza". (Idem, pág. 317).

Há certa dualidade entre estas idéias religiosas e as defendidas anteriormente em seus pronunciamentos dos anos oitenta. Nestes, ele escrevia sobre o domínio da Igreja, das forças clericais sobre as individualidades, dos cuidados que se devia ter para que meninos não fossem encaminhados sem vocação para os seminários, da pressão da Igreja sobre a família através do casamento religioso, do domínio especialmente sobre as mulheres, mães e esposas através do confessionário e de como a Igreja usava os mais inteligentes instrumentos de sua propaganda: "O Estado tem que ter o jus cavende, o direito de precaver-se contra todas as ciladas do clericalismo, o ut possidetis da Igreja Oficial". (*Discursos Parlamentares*, pág. 111-115).

Nessa época, Nabuco era anticlerical e escreveu opúsculos contra o Ultramontanismo, isto é, o pensamento radical da Igreja e do Concílio de 1870. (Esta designação era usada na França e na Alemanha com referência ao Papa Leão XIII e a seus seguidores, porque o Sumo Pontífice vivia além dos Alpes, logo era ultramontano. Foi freqüentemente usada no Parlamento do Império, com certa conotação pejorativa.)

Nabuco criticou a oposição da Igreja ao desenvolvimento político e cultural, fazendo restrições ao reacionarismo de bulas e documentos pontifícios dos século XIX, ao domínio que a Igreja exercia sobre as mulheres e famílias, através da confissão, de forma a declarar que se podia aquilatar "o progresso de um país pela solidão dos confessionários". (*Anais da Câmara dos Deputados*, pág. 110).

Condenava ainda a exigência de acesso ao cemitério católico apenas para quem tivesse recebido a extrema-unção.

Querendo a separação da Igreja e do Estado no Brasil, Nabuco aconselhava este último que se precavesse "contra as invasões e ciladas do clericalismo" e destruísse o *"ut possidetis* da Igreja oficial". (Idem, pág. 115).

Em síntese, o Ultramontanismo foi uma tentativa de europeização da Igreja na América e da reação contra o Liberalismo.

Nos anos em que redigiu os *Pensamentos Soltos* e *Um Estadista do Império,* Nabuco já tinha visão diferente, mais conservadora, menos crítica do pensamento oficial da Igreja.

Ao analisar a Questão Religiosa nesta última obra, ele defendeu a Igreja, elogiou o Papa, mas fez restrições à posição assumida pelo Bispo D. Vital que não teria sabido compreender a situação peculiar da Igreja no Brasil. Criticou o Gabinete Rio Branco e D. Pedro II por sua intransigência no episódio da prisão dos Bispos. Tratava-se de um outro momento histórico e acima de tudo o objeto de análise envolvia a posição de seu pai, Nabuco de Araújo, atuando na questão religiosa como um católico e um estadista católico.

Nabuco deixou ainda, como já foi dito, uma coleção de artigos de jornal, discursos no Parlamento, conferências e uma correspondência particular de inegável valor. O volume de informações sobre o período em que atuou no Império e sobre o que escreveu dão-lhe, incontestavelmente, um lugar proeminente na História e na Literatura.

Queria ter escrito mais, tinha ambição. Quando redigia o livro sobre o pai, confessou ao amigo Hilário em carta: "Quem me dera conhecer o arquivo particular do Imperador, que deve ser para um estudante da nossa história constitucional uma mina incomparável. Está aí uma coisa que eu estimaria dedicar o resto da minha vida, uma Vida de Dom Pedro II escrita à luz dos documentos que ele deixou. Por onde anda tudo isso? Com uma coleção de jornais, das leis, dos Anais, eu estou certo de que faria um trabalho útil à dinastia e ao país". (*Cartas a amigos*, pág. 227).

O que Nabuco queria realizar e não conseguiu também revela o homem que era ele.

Ao Barão Homem de Melo, em 1882, confessava: "Se as circunstâncias me fossem favoráveis e eu tivesse os meios para isso, a minha única ambição seria fundar e dirigir no Brasil um jornal, (...) para remoção dos preconceitos, erros e abusos do passado, como para impelir o país na carreira do progresso, imposto à América do Sul. (...). Um jornal pequeno, que fosse no Brasil uma escola de sãos princípios econômicos, um eco de todas as leis sociais justificadas pela experiência do mundo, uma arma da civilização em todos os sentidos, liberal de ideais, não de partido (...) americano e sul-americano interessado em desenvolver relações que não existem entre o nosso e paí-

128

ses como a República Argentina e o Chile. Um jornal assim, estou certo, seria o maior serviço que se poderia prestar ao Brasil".(*op. cit.*, pág. 96).

Ao Barão de Penedo, em correspondência particular, escreveu, em 1892: "Confesso que me seduziria mais que tudo a idéia de ficar em um lugar barato editando de Paris uma revista, onde os nossos homens, como não os há mais, pudessem contar a história do seu tempo". (Idem, pág. 211).

Nabuco estava convencido que o desenvolvimento que o país podia ter no sentido cultural e artístico era cerceado pela ausência de uma política que levasse o Estado a fomentar vocações artísticas e obter as melhores condições possíveis para a concepção e execução de obras de arte. Queria a criação de uma Escola de Arte, que desse "oportunidade à aparição não de um Fídias, Miguel Angelo ou Rafael, mas de operários, inteligentes, sem a qual nenhum Estado civilizado pode viver". (Idem, pág. 80)

Observava que um Shakespeare que vivesse no Rio de Janeiro teria por sorte a miséria, um novo Camões não encontraria melhor fortuna do que o autor de Os Lusíadas. Embora no Brasil os artistas encontrem, "um meio social refratário às artes, eles são os favoritos da nação e os prediletos do público". Lembrou a recepção calorosa que Carlos Gomes recebeu quando aqui chegou. "Não falta", continuava "nem amor, nem adoração do povo do qual saíram, mas esse entusiasmo não basta para produzir um meio no qual a arte possa viver independentemente". (Idem, pág. 211).

A obra literária e cultural de Joaquim Nabuco, produto de uma bela capacidade de expressão e de um pensamento corrente e profundo, compõe-se de escritos políticos, históricos e literários distribuídos em livros, revistas, artigos de jornal, discursos na Câmara dos Deputados, conferências e correspondência particular.

Teve importância marcante na época em que foi produzida e atravessou o século XX, chegando aos nossos dias como objeto de análise e da influência sobre escritores e intelectuais nacionais.

REFLEXÃO E DEBATE

1. Faça uma análise comparativa entre a Monarquia Parlamentar inglesa e o Presidencialismo americano.
2. Pesquise sobre o Panamericanismo de Monroe, o pensamento de Bolívar na carta da Jamaica e o significado da doutrina Monroísta.
3. Em sua visão pessoal, há alguma parte da obra de Nabuco que lhe parece ter maior relevância? Por quê? Justifique.
4. Analise as dimensões do pensamento de Nabuco quando propunha "destruir a obra da escravidão". Ela foi destruída?
5. Comente as diferenças entre os tipos de federalismo discutidos no final do Império.

BIBLIOGRAFIA

BEIGUELMAN, Paula (org.) – *Joaquim Nabuco*, Política, São Paulo, Ática, 1982 (Coleção Grandes Cientistas Sociais, vol. 23).

BRUNO, Fábio Vieira – O *Parlamento e a Evolução Nacional, 1871-1889* 3ª série, Brasília, Senado Federal, 1879, vol. VI.

COSTA, Emília Viotti da, *Da Monarquia à República: Momentos Decisivos,* São Paulo, Grijalbo, 1977.

COSTA, Milton Carlos – *Joaquim Nabuco entre a Política e a História* (tese de Doutorado apresentada ao Departamento de História da Faculdade de Filosofia, Ciências e Letras da Universidade de São Paulo), 1992.

FAORO, Raimundo – *Os Donos do Poder. Formação do Patronato Político Brasileiro*, 2ª edição, São Paulo, USP, 1975 (2 vol).

_____, *Existe um Pensamento Político Brasileiro?*, São Paulo, Ática, 1994.

NABUCO, Carolina – *A Vida de Joaquim Nabuco, 2ª edição*, São Paulo, Cia. Editora Nacional, 1929.

_____, *Trechos Escolhidos por Carolina Nabuco*, Rio de Janeiro, Agir, 1967 (Nossos Clássicos n.º 28).

NABUCO, Joaquim – *Minha Formação*, Brasília, Ed. Universidade de Brasília, 1976 (Biblioteca Básica Brasileira, vol. VIII).

_____ *O Abolicionismo, SP/RJ, Cia. Edit*ora Nacional / Civilização Brasileira, 1938.

_____ *Balmaceda,* SP/RJ, Cia. Editora Nacional / Civilização Brasileira, 1937.

_____ *A Intervenção Estrangeira durante a Revolta* (da Armada, 1893), 9ª edição, Rio de Janeiro, Freitas Bastos, 1932.

_____ *Nabuco de Araújo*, *Um Estadista do Império*. São Paulo, Instituto Progresso Editorial (Coleção Obras Completas de Joaquim Nabuco, vol. V).

_____ *Conferências e Discursos Abolicionistas,* São Paulo, Instituto Progresso Editorial (Coleção Obras Completas de Joaquim Nabuco, vol. VII).

_____ *Campanhas de Imprensa, 1884-1887,* São Paulo, Instituto Progresso Editorial (Coleção Obras Completas de Joaquim Nabuco, vol. XII).

_____ *Discursos Parlamentares (1879-1889),* São Paulo, Instituto Progresso Editorial (Obras Completas de Joaquim Nabuco, vol. XI).

MAURO, Fraderic – *O Brasil no Tempo de Dom Pedro II, 1831-1889,* São Paulo, Cia. das Letras, Círculo do Livro, 1991.

MANTOUX, Paul – *A Revolução Industrial Inglesa no Século XVIII,* São Paulo, Fundunesp/ Hucitec.

NOGUEIRA, Marco Aurélio – *Joaquim Nabuco, Um Aristocrata entre os Escravos,* São Paulo, Brasiliense, 1987 (Encanto Radical).

QUEIROZ, Suelly Robles dos Reis – *A Abolição da Escravidão,* 3ª edição, São Paulo, Brasiliense, 1896 (Tudo é História n.º 17).

FONTES

Anais da Câmara dos Deputados, 1879, Rio de Janeiro, tipografia Imperial e Constitucional, 1879.

Anais do Senado do Império 1870-1888-1889, Rio de Janeiro, tipografia do Diário do Rio de Janeiro, 1888-1889.

Constituição Política do Império do Brasil (25-03-1824) in Constituições do Brasil, 5ª edição, São Paulo, Saraiva, 1971, vol. I, p. 5-47.

O Parlamento e a Evolução Nacional (1871-1889), 3ª série, vol. VI, Brasília, Senado Federal, 1979.

Organizações e Programas Ministeriais Regime Parlamentar do Império, 2ª edição, Rio de Janeiro, 1962.